U0360564

Short Video
Operation

短视频运营

爆款打造+数据分析+引流涨粉+商业推广

易苗苗 —— 编著

清华大学出版社

北　京

内 容 简 介

作为一名资深的短视频运营者，作者对抖音、快手、微信视频号等平台的视频运营研究比较深入，总结出一些关于短视频运营、引流、变现的技巧，可帮助还处在摸索阶段的短视频运营者少走弯路、错路，提升运营的成功概率。

本书首先介绍了短视频的运营前定位、后台设置、垂直细分、用户画像，然后介绍了打造爆款、稳上热门、文案编写、爆品分析，最后讲解了吸粉引流、直播变现、线下线上变现等多种短视频运营技巧。

本书不仅适合粉丝量比较少的短视频运营者，可助其一臂之力，帮助他们成长为百万粉丝的大 V，还适合内容创作比较少的短视频运营者，让他们从书中学习打造爆款短视频的技巧，以获得大量粉丝的关注；同时，本书还可以作为短视频培训机构的参考书。

图书在版编目(CIP)数据

短视频运营：爆款打造＋数据分析＋引流涨粉＋商业推广 / 易苗苗编著 . —北京：清华大学出版社，2023.5 (2024.11重印)

（新时代·营销新理念）

ISBN 978-7-302-58705-7

Ⅰ.①短… Ⅱ.①易… Ⅲ.①网络营销 Ⅳ.① F713.365.2

中国版本图书馆 CIP 数据核字 (2021) 第 141313 号

责任编辑：刘　洋
封面设计：徐　超
版式设计：方加青
责任校对：王荣静
责任印制：杨　艳

出版发行：清华大学出版社
网　　　址：https://www.tup.com.cn，https://www.wqxuetang.com
地　　　址：北京清华大学学研大厦 A 座　　　　　邮　　编：100084
社 总 机：010-83470000　　　　　　　　　　邮　　购：010-62786544
投稿与读者服务：010-62776969，c-service@tup.tsinghua.edu.cn
质 量 反 馈：010-62772015，zhiliang@tup.tsinghua.edu.cn
印 装 者：大厂回族自治县彩虹印刷有限公司
经　　销：全国新华书店
开　　本：170mm×240mm　　印　张：15.5　　字　数：244 千字
版　　次：2023 年 5 月第 1 版　　印　次：2024 年 11 月第 2 次印刷
定　　价：79.00 元

产品编号：088507-01

前言
PREFACE

▶ 写作驱动

作者从事新媒体运营和短视频研究多年，深谙短视频运营、吸粉、变现之道。如今正值短视频风口，很多人跃跃欲试，想要通过这个新兴的互联网新媒体平台分一杯羹。但是，在这场没有"硝烟"的互联网流量之争中，有人摇身一变，成为千万级大IP，有人成了带货达人，有人仅仅几百个粉丝，无法实现变现……

经过深思熟虑，作者决定将自己多年的经验总结归纳，写成一本书，为那些想要从事短视频运营的朋友提供参考。

▶ 特色亮点

本书特色亮点主要有以下5点。

（1）梳理脉络，完整呈现。本书从短视频账号注册、后台运营、数据分析、引流技巧、变现方法等多个方面剖析了当下最火的短视频运营成功案例，帮助短视频运营者全面优化运营方法。

（2）通俗易懂，内容翔实。全书共10章，涵盖了抖音、快手等短视频平台运营、引流变现等多个环节。作者运用由浅入深、层层递进的写法，采用通俗易懂的语言，深入分析了抖音、快手等平台最热门的短视频案例。

（3）**运营高手，经验丰富**。作者从事新媒体运营多年，在短视频引流变现方面有着丰富的经验。早在短视频风口乍现之时，作者就分析了短视频对电商模式的影响。如今短视频风行，作者对短视频引流变现也做了大量调查和研究，因此才有了本书。

（4）**高手分析，优化选择**。本书以短视频平台为基础，综合分析其运营模式，剖析不同平台的进驻要求，优化各平台引流变现的手段，提高短视频运营者对后台数据的分析能力，有益于优化中小电商企业或个人的选择。

（5）**剖析案例，操作性强**。本书有大量的营销案例，每一种运营、引流和变现方法，都有具体的操作步骤。虽然说短视频运营不是改变命运的唯一选择，但是它的确帮助许多人实现了发财致富的梦想。

📄 本书内容

本书内容安排由浅入深，以理论结合案例，通俗易懂。全书主要分为三个部分，分别如下。

第一部分（1～6章），手把手教短视频运营者注册和运营短视频账号，有效规避短视频运营雷区。

第二部分（7～8章），指导短视频运营者引流导粉。万丈高楼平地起，拥有上千万粉丝的账号也是从一个个粉丝逐渐积累起来的。没有大量粉丝的支撑，就没有强大的变现能力。

第三部分（9～10章），指导短视频运营者变现。运营短视频账号和引流导粉都是在为变现做准备。短视频运营者通过变现可以实现自身价值，获取巨额利润。

📄 适用对象

本书为原创，实用性强，适合以下读者学习使用。

（1）**新媒体人**。哪怕是没有任何新媒体运营基础和短视频运营经验的新人，通过学习和运用书中介绍的方法和技巧，也可以成为一个成功的短视频运营者。

（2）**短视频运营者**。本书全面介绍了短视频运营、吸粉、变现的技巧，内容丰富又不失层次感，哪怕是曾经运营失败的视频运营者，依然可以从中获取经验。

　　（3）**培训机构**。本书可以作为短视频培训机构的辅导书或教材，书中提及的各类技巧和剖析的诸多案例，可以帮助学员提高短视频运营能力。

　　由于作者知识水平有限，书中难免有疏漏之处，恳请广大读者批评、指正。

作　者

目录
CONTENTS

第 4 章　文案编写训练，打造优质内容

第 5 章　分析爆品数据，掌握未来趋势

第 6 章　分析用户数据，进行精准营销

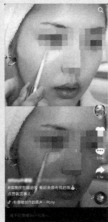

/第/ 1 /章/

做好运营前定位，优化后台设置

📢 学前提示

快手号和抖音号何其多，那么，如何让你的账号从众多账号中脱颖而出，被快手和抖音用户记住呢？其中一种方法就是通过信息的设置，给账号打上自己的标签。

✂ 要点展示

- 做好账号定位，赢在起跑线上
- 快速设置账号，细节不可忽略

1.1 做好账号定位，赢在起跑线上

当下中国极热门的短视频 App 便是抖音和快手，而要分阵营来看待这些短视频 App，以抖音、今日头条、西瓜视频为代表的头条系无疑是最大的赢家，如图 1-1 所示。

图 1-1　短视频 App 阵营

2020 年初，微信团队研发的视频号也在完成内测之后正式上线，至于其会不会改变目前短视频市场的格局，一改腾讯"微视"的衰颓之势，还有待后续观察，如图 1-2 所示。

图 1-2　微信视频号

在笔者看来，短视频运营者在尝试运营抖音、快手、视频号等短视频账号时，首先需要做的就是账号定位。何谓短视频定位？它指的是为短视频运营确定一个主题，为内容发布指明方向。那么，如何对短视频进行定位呢？笔者认为，可以从以下 4 个方面进行思考。

1.1.1 短视频定位一：根据自身专长

对于具有专长的人群来说，根据自身专长定位是最为直接和有效的定位方法。短视频运营者只需对自己或团队成员进行分析，然后选择某个或某几个专长进行账号定位即可。

例如，一位拥有动人嗓音的歌手，她将自己的抖音账号定位为音乐作品分享类账号。她通过该账号，重点分享了自己的原创歌曲和自己翻唱的当下一些热门歌曲，如图 1-3 所示。

图 1-3 分享音乐作品的抖音账号

又如，一位擅长舞蹈的运营者拥有曼妙的舞姿，因此她将自己的抖音账号定位为舞蹈作品分享类账号。在这个账号中，她分享了大量舞蹈类视频，如图 1-4 所示，这些作品让她快速积累了大量粉丝。

图 1-4　分享舞蹈作品的短视频

专长包含的范围很广,除了唱歌、跳舞等才艺,还包括许多方面,比如游戏玩得出色也是一种专长。

斗鱼直播平台有一位主播,她将抖音号定位为分享自己玩游戏《绝地求生》的视频账号,并将抖音号与斗鱼直播号设为同一账号。图 1-5 为其发布的部分抖音短视频。

图 1-5　分享玩游戏画面的抖音短视频

　　由此不难看出，只要短视频运营者或其团队成员拥有专长，且其发布的相关内容又比较受欢迎，那么，将该专长作为账号的定位，便是一种不错的定位方法。

1.1.2　短视频定位二：根据用户需求

　　通常来说，用户需求的内容更受欢迎。因此，结合用户需求和自身专长进行定位也是一种不错的定位方法。

　　大多数女性都有化妆的习惯，但很多人觉得自己的化妆水平不高。因此，一些女性会对美妆类内容比较关注。短视频运营者如果对美妆内容比较擅长，那么，将账号定位为美妆号就比较合适了。

　　如，某运营者原本是 Instagram 平台上的美妆博主，她看到许多抖音用户对美妆类内容比较感兴趣，因此在抖音上开通了一个美妆类账号，并持续为用户分享美妆类内容，受到众多抖音用户关注。图 1-6 为该运营者发布的相关抖音短视频。

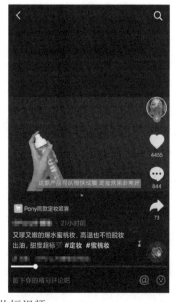

图 1-6　美妆短视频

　　许多短视频用户，特别是比较喜欢做菜的短视频用户，通常会从短视频中寻找一些新菜式的制作方法。因此，如果短视频运营者自身就是厨师，或者会做的菜式比较多，又或者特别喜欢制作美食，那么，将账号定位为美食制作分享账号就是一种很好的定位方法。

譬如，抖音上有一个定位为美食制作分享的账号，如图1-7所示。因为该视频号将制作过程进行了比较详细地展示，再加上许多菜肴都是短视频用户感兴趣的，所以其发布的视频内容很容易获得大量的播放和点赞。

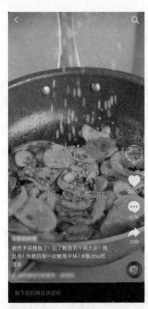

图1-7　分享美食制作过程的短视频

1.1.3　短视频定位三：根据内容类型

如果你深度体验过短视频平台，就会发现平台推荐的内容大致可以分为"过把瘾""次爆款"和"稀缺内容"三大类。

1. 过把瘾

很多短视频账号都属于"过把瘾"类型的账号，这类账号的明显特点就是，有爆款视频推荐给用户，爆款视频的点赞量可能是数十万至数百万。但是，当你翻开该账号的主页时往往会发现，这类账号其实拍过不少短视频，但大多数视频都不温不火，没有太多的点赞量，而你看到的视频仅仅是该账号少数几个爆款视频之一。大概类似于下面这两个账号的情况，如图1-8所示。

图1-8　"过把瘾"类型的账号

这类账号出现爆款视频更多的是偶然因素，偶然在生活中拍到了一些有意思的场景，或者自拍一些舞蹈类内容，其中某一个或几个视频偶然火了。然而，其拍摄的大多数内容都不太成功，也就只能在爆款输出上"过把瘾"，难以持续产出高质量内容，用户看到这个情况以后并不会产生关注该账号的冲动。

"过把瘾"是大多数个人和企业短视频账号的现状，当然，还有更多从来没出过爆款的账号。粗略估计，这类账号的总点赞和关注之比大多在10：1以下，如果是短视频数量不多的新账号，或者要么有颜值优势，要么品牌名气大，这样关注转化的比例才会更高一些，能达到5：1左右。

但总体来说，这类账号不应该是短视频运营者所追求的，因为用户对短视频内容的评价不稳定，账号要想获得用户点赞和关注在一定程度上要靠运气，而且关注比例过低会导致运营效率不高。

2. 次爆款

这类账号的主要特点是点赞量相对均匀，大多数视频的点赞量都不算特别高，处于几万到几十万的区间，或许偶尔会有上百万点赞量的视频，但是不多。

这类账号的视频都能获得一定的传播量、点赞量，但很难达到爆款视频的高度，笔者称之为"次爆款"。它们大概类似于下面这两个账号的情况，如图 1-9 所示。

图 1-9   "次爆款"类型的账号

"次爆款"类型的账号大多由团队体系化运营，不少是新媒体公司运营的账号。与"过把瘾"类型的账号不同，"次爆款"账号的作品质量较为稳定，目标人群比较集中且精准。当用户被推荐了一个这样的视频后，通常会去查看该账号还有没有类似的视频，发现其内容都不差的情况下，很可能会关注该账号。

这种"次爆款"类型的账号不但短视频质量、点赞量和播放量都比较稳定，而且能够将受众转化到自有的流量池中，以便后续深入挖掘用户的价值。粗略估计，这类账号的点赞量与关注量比例多在 10 : 1 以上，若是内容足够精准垂直，或者更加有趣，这个比例甚至能达到 2 : 1 以上。总体来说，这种稳定、优质、高转化的"次爆款"是企业运营短视频账号的目标。

3. 稀缺内容

短视频运营者还可以通过独特的内容展示形式，让自己的账号内容甚至是账号具有一定的稀缺性。

比如，抖音上有一个定位为分享猫咪日常生活的账号，其运营者经常会发布以两只猫咪为主角的视频。如果只是分享猫咪的日常生活，那么只要养了猫咪都可以做，而这个账号的独特之处在于猫咪张嘴叫出声时，运营者会同步配上一些语音和字幕，如图 1-10 所示。这样给人的感觉就是，猫咪要表达的意思是字幕打出来的内容，而结合字幕和猫咪在视频中的表现，就会让短视频观看者觉得猫咪调皮可爱。

图 1-10　猫咪的短视频

那么，如何让你的账号变成"稀缺"账号，持续打造爆款视频呢？首先你要做的就是找准内容方向，然后找准视频输出的形式。

接下来你要思考面对这些内容的用户是不是你的目标客户，是不是你要找的人群，是的话就可以做，不是的话就要更换。

当然，在运营短视频时，如果你自己能够生产出足够优质的内容，那么也可以快速吸引到用户。作为短视频运营者，你可以通过为用户持续生产高价值的内容，在用户心中树立威信，加深他们对你的信任。你自己生产内容时，可以运用以下技巧，轻松打造持续性的优质内容，如图 1-11 所示。

自己生产内容的技巧
- 做自己真正喜欢和感兴趣的内容
- 做更垂直、更具差异性的内容，避免同质化内容
- 多看热门推荐的内容，多思考总结其中的亮点
- 尽量做原创的内容，最好不要直接搬运别人的东西

图 1-11　自己生产内容的技巧

运营者需要注意的是，账号定位的是目标客户群体，而不是内容。因为

短视频平台的内容是根据目标客户群体来定位、制作的，不同的客户群体喜欢不同的内容，不同的内容会吸引不同的客户群体，我们要有布局思维，把二者串联起来。

1.1.4 短视频定位四：根据品牌特色

许多企业和品牌在长期发展过程中可能已经形成了自身的特色。如果根据这些特色进行定位，通常会比较容易获得用户的认同。

根据品牌特色做账号定位又可以细分为两种方法：一是以能够代表企业的卡通形象做账号定位；二是以企业或品牌的业务范围做账号定位。

"三只松鼠"的快手号就是以能够代表企业的卡通形象做账号定位的。这个快手号经常会分享一些以三只松鼠的卡通形象作为主角的视频，如图1-12所示。

图1-12 "三只松鼠"的快手短视频

熟悉"三只松鼠"这个品牌的人群，都知道这个品牌的卡通形象和标识是视频中的这三只松鼠。因此，"三只松鼠"的视频便具有了自身的品牌特色，而且这种通过卡通形象进行内容表达的方式更容易被人记住。

淘票票电影则以企业或品牌的业务范围做账号定位。大家一看"淘票票"这个名字就知道，其主要从事与电影相关的业务。因此，该账号定位为电影信息分享。图1-13为该账号发布的相关抖音短视频。

图 1-13 "淘票票"抖音短视频

1.2 快速设置账号，细节不可忽略

短视频用户通常是利用碎片化时间快速浏览短视频的，试想一下，当他浏览到一个页面的时候为什么会停下来？

他停下来很大一部分原因是被表面的东西吸引了，而不是具体的内容，因为具体内容是用户点进去之后才能看到的。那么，表面的东西是什么？它主要是整体数据和封面图，以及账号对外展示的东西，如名字、头像、简介、标题等。

1.2.1 快速注册账号，确定自己类型

下面笔者主要以抖音、快手、视频号为例来讲解如何注册账号。

1. 注册抖音账号

抖音是当下最热门的短视频 App，它会根据用户的地理定位、年龄、喜

好来不断优化自己的算法，从而不断贴近用户的审美和偏好。很显然，抖音在运营机制上走在了前面，具体体现在以下几个方面，如图 1-14 所示。

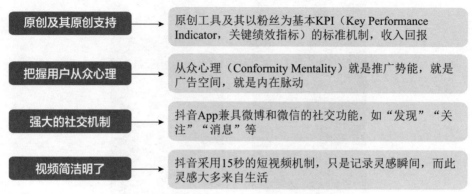

原创及其原创支持	→	原创工具及其以粉丝为基本KPI（Key Performance Indicator，关键绩效指标）的标准机制，收入回报
把握用户从众心理	→	从众心理（Conformity Mentality）就是推广势能，就是广告空间，就是内在脉动
强大的社交机制	→	抖音App兼具微博和微信的社交功能，如"发现""关注""消息"等
视频简洁明了	→	抖音采用15秒的短视频机制，只是记录灵感瞬间，而此灵感大多来自生活

图 1-14 抖音运营机制的具体体现

在运营机制上，抖音集各种优点于一身，甚至很多人说"抖音有毒"，因为它会消耗人们大量的碎片化时间，"凌晨还在刷，不刷睡不着"的现象很常见。同时，明星入驻，风靡国外，更加说明了抖音的成功并不简单，它的崛起绝非偶然。

在了解抖音的运营机制之后，短视频运营者便可以开始注册自己的抖音账号了。注册抖音账号比较简单，用户可以用手机号进行验证登录，如图 1-15 所示。同时，用户也可以直接使用头条号、QQ 号、微信号、微博等第三方平台账号授权登录，图 1-16 为用微信号授权登录的界面。

图 1-15 抖音登录界面　　图 1-16 用微信号授权登录

2. 注册快手账号

短视频运营者要做快手号运营，先得注册一个快手账号，并对账号信息进行设置，打上自己的标签。与抖音一样，快手也无须进行复杂的注册操作，只需用手机号或相关平台的账号即可登录，如图1-17所示。

图1-17　快手登录界面

3. 注册微信视频号

目前微信视频号权限已全面开放，用户使用微信号授权即可登录，如图1-18所示。

图1-18　微信视频号一览

1.2.2　账号加"V"，显示效果更好

用户可以在抖音和快手的"设置"界面中选择"账号与安全"选项，申请加"V"，如图1-19、图1-20所示。

图 1-19　抖音账号加"V"　　图 1-20　快手账号加"V"

如图1-21、图1-22所示，抖音个人账号认证为黄色的"V"，企业机构账号认证为蓝色的"V"；快手个人账号认证为红色的"V"，企业机构账号认证为蓝色的"V"。

图 1-21　抖音认证标志　　　　图 1-22　快手认证标志

同样的内容，由不同的账号发布出来所产生的效果是完全不一样的，尤其是认证和没有认证的账号之间差距非常大。为什么会出现这种情况？因为短视频平台在给账号一定流量和推荐的时候，会衡量账号的权重。

1.2.3　利用名字优势，命名简单易记

在短视频平台注册的账号名字需要有特点，最好与账号的内容定位相关，并能让人眼前一亮。例如，快手上的"×××美食录"，这个账号名字不仅特别，而且通俗易懂，如图 1-23 所示。

图 1-23　让人眼前一亮的账号名字

在设置账号名字时有 3 个基本的技巧，具体如下。

（1）名字不能太长，太长的话用户不容易记住。

（2）名字尽量不要用生僻字或过多的表情符号。

（3）最好能体现人设感，即让人看见名字就能联系到人设。人设是指人物设定，包括姓名、年龄、身高等人物的基本信息设定，以及所在的企业、担任的职位和取得的成就等社会身份背景设定。账号名字带有这类信息，平台用户一看就知道你是做什么的，如果他对你的业务有相关需求，便会直接

关注你的账号。

1.2.4 设置账号头像，展现独特之处

账号的头像也要有特点，要么展现自己最美的一面，要么展现企业的良好形象。用户可以进入"编辑资料"界面，点击更换头像，从相册选择或拍一张照片作为头像，如图 1-24、图 1-25 所示。

图 1-24　抖音头像修改　　　　图 1-25　快手头像修改

在设置账号头像时有 3 个基本的技巧，具体如下。

（1）头像一定要清晰。

（2）个人人设账号一般使用主播肖像作为头像。

（3）团体人设账号可以使用代表人物形象作为头像，或者使用公司名称、品牌标识等作为头像。

1.2.5 添加账号简介，最好简单易懂

除了设置头像、昵称，短视频运营者还可在"编辑个人资料"界面填写性别、生日 / 星座、所在地和个人介绍等资料。

在这些资料中，短视频运营者尤其需要注意的是账号简介。一般来说，短视频账号简介应简单明了，用一句话展现。其主要原则是"描述账号+引导关注"，基本设置技巧如下。

（1）前半句描述账号特点或功能，后半句引导关注，一定要明确出现关键词"关注"，如图1-26所示。

（2）账号简介可以用多行文字，但一定要在多行文字的视觉中心出现"关注"两个字。

（3）用户可以在简介中巧妙推荐其他账号，但不建议直接出现"微信"两个字，如图1-27所示。

图1-26　在简介中引导关注

图1-27　巧妙推荐其他账号

1.2.6　上传个人封面，展示吸粉特质

短视频封面能够影响用户对你的作品的第一印象，如果封面足够吸引人，还能够给你提高人气。短视频封面要有主人公，你要做一个"封面党"，可以参考电影海报的设计，示例如图1-28所示。

图 1-28　"封面党"的短视频示例

　　笔者建议运营者结合要输出的内容展现特点，有目的性地去设计封面图，图 1-29 所示为抖音封面设定的基本技巧。

抖音封面设定的基本技巧 —包括→

- 能发封面图的一定要做封面图，比如剧情类、实用知识类视频

- 能在封面图上做标题的，一定要加上标题，用字体、颜色或者字号的变化来突出主题：一方面可以吸引用户阅读；另一方面还能方便用户点击

- 封面图最少22帧，一般时间留够1秒即可，也可以专门针对那一秒的视频做一些效果处理，让它适合做封面图

- 封面图的背景要干净，颜色尽量单一，并有一定的视觉冲击力

图 1-29　抖音封面设定的基本技巧

　　另外，抖音上短视频的默认封面设置为动态展现效果，用户进入某个账号的个人主页后，可以看到很多作品的封面都是动态展示的，因为这样能够吸引用户点击观看，短视频运营者只需要进入"设置"—"通用设置"页面，打开"动态封面"开关即可设置动态封面，如图 1-30 所示。

图 1-30　抖音设置动态封面的路径

1.2.7　拟定短视频标题，尽量短小精悍

短视频的标题不宜太长，通常要在两行内结束，如图 1-31 所示为抖音短视频标题示例。用户可以在标题的最后 @ 抖音小助手，如果被抖音小助手看到且你的内容足够好，就有机会上精选，如图 1-32 所示。

图 1-31　抖音短视频标题　图 1-32　标题中 @ 抖音小助手的短视频

/第/ 2 /章/

做好垂直细分，精准构建用户画像

📢 学前提示

不是每个运营者都是"大 V"，但不想成为"大 V"的运营者不是好的短视频运营者。虽然大部分短视频只有 15 秒，但很多时候这不是简单的 15 秒，而是短视频运营者权衡垂直领域、用户画像、视频素材之后努力的结果。

✂️ 要点展示

● 垂直领域细分，更易脱颖而出
● 短视频内容定位，选取适宜素材

2.1 垂直领域细分，更易脱颖而出

运营一个短视频新号，不管是个人号还是企业号，首先要做的就是将账号内容定位为原创，自己拍摄制作视频，最好不要直接搬运别人的内容，这是最基本的要求。接着就是做好账号定位——账号定位决定了涨粉速度、变现方式、赚钱多少、赚钱的难易度以及引流的效果，同时也决定了内容布局和账号布局。

2.1.1 结合主观客观，深度分析竞品

竞品是指竞争产品，竞品分析就是对竞争对手的产品进行比较分析。在做短视频账号定位时，竞品分析非常重要。如果其一领域的竞争非常激烈，那么除非你有非常明显的优势，能够超越竞争对手，否则不建议进入。竞品分析可以从主观和客观两方面进行，主要方法如图 2-1 所示。

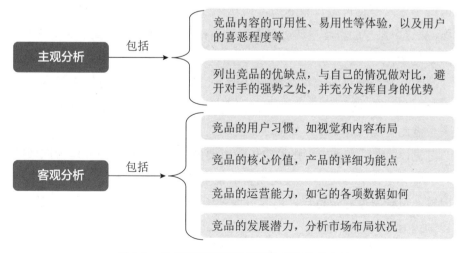

图 2-1　从主观和客观两方面分析竞品的方法

▶ 专家提醒

运营者在做竞品分析时，同时要做出一份相应的竞品分析报告，内容包括体验环境、市场状况、行业分析、需求分析、确定竞品、竞品对比（多种分析方法）、商业模式异同、业务／产品模式异同、运营及推广策略，以及结论等。

竞品分析可以帮助运营者更好地找到内容的切入点，而不是竞争对手做什么内容，自己就跟着做什么内容。如果盲目跟风，最终会落入内容同质化严重的窠臼。

所以，作为短视频运营者，你一定要多观察同领域的热门账号，及时了解对手的数据和内容，这件事需要你持之以恒地去做，这样可以有效提升自己账号的竞争优势。在与你的竞争对手竞争的过程中，也一定要向他们学习，因为这将帮助你更有效地做好自己的短视频账号定位和运营优化。

2.1.2 吸引目标人群，内容深度垂直

账号定位好之后，接着就是做深度内容了。说白了，就是只更新跟你当前定位的领域相关的内容，其他领域的内容不在这个账号分享。

例如，有一款菜谱大全 App 注册了抖音账号，教大家做"懒人饭"。现在很多年轻人都觉得做饭很麻烦，而这个账号就出了一系列简单易学的做饭教程，从这个账号的粉丝量就可以看出，它深受广大年轻人和美食爱好者喜爱，如图 2-2 所示。

同时，它依靠抖音的商品橱窗功能，出售跟做饭相关的各种工具以及各种美食。用户可以在该账号选择商品，直接从抖音平台跳转到淘宝店铺购买，该账号借此实现内容变现，如图 2-3 所示。

可见，深度内容是校正账号定位最重要的环节，关系到账号运营的成败。同时，垂直定位和深度内容也是运营者能够持续更新优质原创视频的两个核心因素。运营者做好定位后，内容方面就不会有太大的难题，至少你的 15 秒短视频内容方向已经确定，不会再迷茫。运营者可以根据自己的行业、领域对短视频内容方向进行定位，并找到自己要做的深度内容。

图 2-2　教人做饭的某抖音号主页

图 2-3　某账号抖音商品橱窗

2.1.3　紧跟用户喜好，积极参与互动

短视频平台的账号定位是方向（战略），深度内容是细节（落地），而用户喜欢才是关键。一个受欢迎的短视频，应具备的条件首先就是符合短视

频平台规则，其次就是用户喜欢。

用户喜欢有参与感、"吐槽感"和互动感的内容。好玩、有趣、实用等都是很好的内容方向，至于你到底适合哪个方向，则要看你的账号定位。

如果短视频运营者分享的是一些技能或技巧，那么这些技巧技能一定要简单、实用，不能太复杂，因为越简单传播越广。另外，如果是首次分享，则更容易火起来，可能很轻松地获得几十万、上百万的播放量。

图2-4为一位短视频运营者在抖音上发布的关于剪纸的小技巧。运用这些技巧剪出来的"小玩意"在生活中好看又实用，这些视频点赞量高达几十万甚至上百万。

图2-4　剪纸抖音短视频

在短视频平台上，几十万粉丝的账号非常多，千万级别播放量的视频也很常见。短视频运营者一定多看热门视频，多学习别人的经验，不要只靠自己想，光自己想没用。

做短视频运营除了要知道平台推荐规则，还要知道哪些人爱看爱玩，否则你拍了短视频都不知道哪些人看，很难取得成功。很多人觉得抖音用户大部分都是年轻人，以"90后"和"00后"居多，但实际上"70后""80后"甚至"60后"用户也不少。运营者只有弄清了自己账号针对的人群的特点，才能制定出适合用户的营销方案，做出用户喜欢的内容。

2.1.4　将IP人格化，将自己个性化

被市场验证过的 IP 能跟用户建立密切联系，具有深厚的可信度，并且能和用户实现情感层面的深层次交流，让用户感觉到自己是在跟人交流，能得到回应。

1.为什么需要设计人格化的IP

不管是口头语言、肢体语言，还是人设与外在世界的互动方式，背后都有不同的性格、价值观乃至阶层属性在支撑。例如，善良、真诚、勇敢、坚韧、奋斗、包容、豁达、匠心、个性、追求极致、精英、俗人等。

这些都能引起人内心深处的共鸣，因为人在万丈红尘中所追求的，除了物质，就是人格及精神层面上的认同。

最典型的是抖音上的"乡愁"，她是一位勤劳的女性，通过在抖音上发布一些乡村生活短视频，将自己塑造成了一个既美貌又集坚韧、尊老爱幼等诸多良好品质于一身的女子。在短视频里，她带着村民们一起通过劳动致富，打造了多种农产品品牌，如图 2-5 所示。

图 2-5　"乡愁"的抖音短视频

不仅短视频作品如此，文化类 IP 都具有这样的特质。例如，故宫衍生品迎合了人们对传统文化的精神认同感；又如哈利·波特满足了人们对异想空间的向往；再如网络上有口皆碑的黄渤，大家对他的推崇折射出人们对和谐

人际关系的向往。

在策划人格化 IP 符号之前，要将内在层面的东西确立下来，然后在实际运营过程中不断地调整、完善。人们都期待有一个理想化的自我，其实在对短视频平台上各类 IP 的关注和喜爱中，用户往往不知不觉地完成了"理想化自我"的塑造过程。这一点需要大家花时间深入了解。

2. 如何设计人格化的IP

将 IP 人格化是商业社会发展的必然。为什么这样说呢？

中国市场在经历了 20 世纪 50 年代物资匮乏之后，发展到现在琳琅满目、让人眼花缭乱的商品供应过剩情况，消费者对商品基本的使用需求已被过度满足，在商品选择方面拥有极大的自主权。在此基础之上，跟商品供应方对话，获得社交上的满足。因此，短视频运营者要站在消费者（用户）的角度，赋予短视频温度，打造自己的品牌，使短视频账号拥有一个人格化的外壳。

这个人格化的外壳，需要借助下面这 4 个维度来进行系统设计。

（1）语言风格：你来自哪里，比如你有没有明显的地方口音，以及你的声调、音色等方面的独特之处。

（2）肢体语言：你的眼神、表情、手势、动作是怎样的？有没有自己的风格？是开放的，还是拘谨的；是安静的，还是丰富的？

（3）标志性动作：有没有频繁出现辨识度高的动作？这一条通常需要在后期剪辑短视频时进行刻意策划。

（4）人设名字：名字越朗朗上口越好，方便别人记住你，最好融入情感、性格、爱好等个人的特色。

上面这些都是聚焦外在认知符号的外壳设计，想要让你的 IP 深入人心，就得借鉴一个人内在价值观的展现。接下来，我们来详细讲解为什么需要设计人格化的 IP。

3. 设计人格化IP的过程

真正的 IP 意味着有可识别的品牌化形象、黏性高又成规模的粉丝群体、长时间深层次的情感渗透、可持续可变现的衍生基础。塑造优质短视频 IP 需要做好打持久战的准备，因为任何品牌的打造都需要一个过程。在这里用一个案例来说明。

　　抖音有一个搞笑达人的账号拥有600多万粉丝，其个人主页如图2-6所示。

图 2-6　搞笑达人的抖音号个人主页

　　该账号的运营者把这个IP的打造分为3个阶段，即塑造期、成形期和深入期，并为每一个阶段制定了相应的内容输出方案。

　　在塑造期，作品重点体现的是人设特征，所有内容都会围绕着他的人设来进行打造。经过一段时间的试验，运营者发现粉丝反馈最多的人设标签就是"戏精""搞笑"和"蠢萌"。接下来，运营者就通过不同的内容来放大这3个标签，以此来辐射更多的观看人群，并在测试后最终确定。一个独有的标签作为这个账号的主要人设特征。

4. 阶段不同，IP风格化体系也不同

　　前文我们用了一个搞笑达人的例子来说明IP的形成是有阶段性的。在不同的阶段，我们需要策划的作品内容体系也是不同的。有的短视频账号策划及运营人员可以完整地参与一个账号的启动和成长过程，有的需要对已成形的账号进行重新规划，这两者的工作内容是完全不同的。维护和运营一个IP，前期、中期和后期的工作内容应有不同的侧重。

　　在前期，短视频运营者的首要任务就是策划出奇制胜的内容，让更多的用户知道这个账号，并看到其内容。用一句话来概括这一阶段的工作重点，就是吸引目标用户的注意。

　　在中期，短视频运营者就要不断对已有的内容体系进行扩容，同时慢慢展现多样化的内容标签，促进账号成长升级。

在后期，一旦账号步入成熟阶段，就会遇到瓶颈，运营者就要考虑迭代的问题。IP 的迭代升级是一个巨大的、有难度的工程，因为有人设定位和粉丝积淀，重新打造 IP 的试错成本就会变得很高。在这一阶段，运营者可以采取账号与账号之间合作的方式，从而达到比较好的效果，同时还要进行文化资源上的整合。通常在这一阶段，许多运营者都会考虑让 IP 出圈，做影视、做综艺，以及从事其他文化形态的工作，通过跨界实现 IP 生命力的持续。

2.1.5　打造优质短视频，持续分享内容

持续分享是最重要的环节！那些有几十万、上百万粉丝的账号，除了定位精准、聚焦行业、更新实用的内容，最重要的一招就是每天至少更新一个原创优质短视频，或者每周更新一个优质原创短视频。这才是"涨粉"的关键，尤其是普通账号的粉丝数量从几十万增长到上百万的关键。

例如，拥有几百万粉丝的湖南卫视官方抖音号每天都会更新几条短视频，内容都是以台里的热门综艺节目和电视剧为主，如图 2-7 所示。

图 2-7　湖南卫视的官方抖音号

短视频内容定位，选取适宜素材

短视频运营者首先需要找准短视频内容定位，然后找准短视频输出形式，可以在微博、知乎、百度等不同平台收集和整理内容。

2.2.1 浏览新浪微博，寻找热门话题

运营者可以在微博上寻找热门话题，具体做法是进入微博主页，然后在左侧的导航栏中选择"热门"标签，查看当下的热门事件，如图 2-8 所示。

图 2-8 微博"热门"标签及页面

也可以在右侧的"微博新鲜事"和"微博实时热点"下方单击"查看更多"，找到更多的时事热点新闻。

2.2.2 登录知乎网站，搜索专业知识

在知乎平台的顶部搜索栏中输入想要了解的行业领域关键词，就能够找

到很多相关的专业知识。短视频运营者可以输入关键词搜索内容，也可以浏览知乎热点话题，如图2-9所示。

图2-9　知乎搜索界面

比如，我们输入关键词"绘画"，单击搜索 🔍 按钮，就可以找到很多与绘画相关的内容，如绘画的技巧、与绘画相关的热门话题以及精彩问答等，这些都可以是我们进行短视频创作的内容源泉，如图2-10所示。

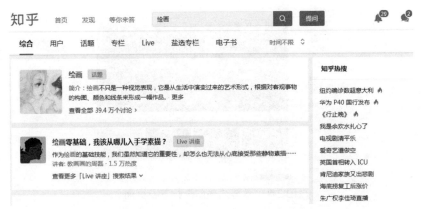

图2-10　知乎搜索关键词"绘画"

2.2.3　浏览主流视频网站，获取视频素材

国内外的视频网站上拥有大量的、不同类别的视频，如在我国知名的腾讯、优酷等视频网站上就有几十种类型的视频。图2-11为优酷网站上的视频类别

展示。其中一些在授权许可范围内的视频内容都是短视频创作者可以作为剪辑加工的视频素材的。图2-12为微博平台上推出的源自腾讯视频网站的短视频案例，短视频右上角还有腾讯视频的水印。

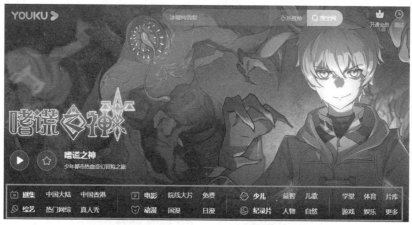

图2-11　优酷网站上的视频类别展示

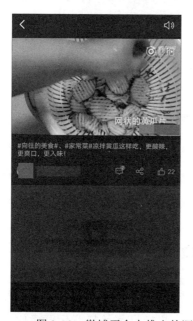

图2-12　微博平台上推出的源自腾讯视频网站的短视频案例

而且，与直接从短视频App上下载的素材不一样，利用从视频网站上下载的有授权的视频素材，经过剪辑加工后还是可以申请原创的。因此，这不失为一种便捷的、优质的视频素材获取途径。

2.2.4　剪辑经典电影片段，吸引用户注意

经典影片往往受到观众喜欢，且在看到影片中的某一片段时，每个人都会有自己的感悟和观点。你可以将自己的感悟和观点作为短视频素材来源，把它们录制下来，再加上经典影片片段，就很容易打造一个受人喜欢且又是原创的短视频了。图2-13为抖音上分享或推荐电影的短视频账号，这类账号主要通过经典电影片段来吸引粉丝关注。

图 2-13　抖音上分享或推荐电影的短视频账号

运营者要注意的是，对电影经典片段的选择是非常重要的。首先，它应该是你内心喜欢的，这样你才能对它有比较深刻的理解和独到的观点，也只有这样才不负经典影片，不负原创之名。其次，要注意视频的版权问题。

2.2.5　百度一下，搜索各类资源

百度平台的功能比较全面，资源也非常丰富，包括百度新闻、百度百科、百度贴吧、百度文库以及百度问答等，这些栏目都是抖音运营者收集资源的好的渠道。

（1）**百度新闻——新闻资讯**：该平台拥有海量的新闻资讯，反映每时每刻的新闻热点，用户可以搜索新闻事件、热点话题、人物动态以及产品资讯

等内容，同时还可以快速了解它们的最新进展，如图 2-14 所示。

图 2-14　百度新闻首页

（2）**百度百科——百科知识**：百度百科堪称一部内容丰富、查阅方便的网络百科全书，其内容几乎涵盖了所有领域的知识，如图 2-15 所示。

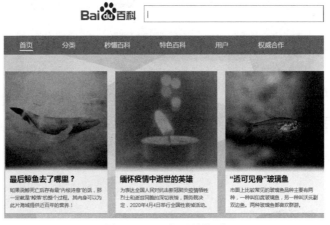

图 2-15　百度百科首页

（3）**百度贴吧——兴趣主题**：百度贴吧是以兴趣主题来聚合志同道合者的互动平台，其主题涵盖了娱乐、游戏、小说、地区和生活等各方面的内容，如图 2-16 所示。

（4）**百度文库——在线文档**：百度文库是一个供用户在线分享文档的平台，提供了包括教学资料、考试题库、专业资料、公文写作以及生活商务等多个领域的资料，如图 2-17 所示。

图 2-16　百度贴吧首页

图 2-17　百度文库首页

（5）**百度知道——知识问答**：百度知道提供了许多互动式知识问答，如图 2-18 所示。短视频运营者也可以进一步检索和利用这些问题，来打造更多的优质短视频内容。

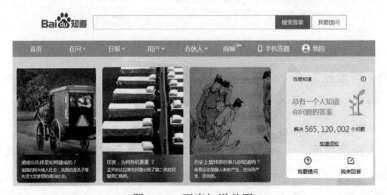

图 2-18　百度知道首页

/第/3/章/

打造爆款短视频，争取稳上热门

📢 学前提示

短视频只有上了热门，才能获得更多的推荐和曝光量，因此运营者要学会打造爆款的短视频内容。本章主要介绍在短视频平台上被推荐上热门的一些实用技巧，包括上热门的前提要求、短视频类型、爆款内容和上热门技巧等。

✂ 要点展示

- 五大基本要求，上热门必了解
- 六大热门技巧，千万不可错过
- 十大热门内容，任君随意挑选

3.1 五大基本要求，上热门必了解

某次，笔者写了一篇关于抖音短视频快速涨粉方法的文章，在文章下留言的人很多，有人说讲得真详细，有人说条理清晰，还有人说内容不错，但是也有一些反驳的言论。其中，让笔者印象比较深刻的是，有一个人说："只有自拍才会上热门，平台不允许其他形式的抖音视频上传。"结果，他的评论下面一片嘘声，有人说他是"抖音菜鸟"，回复他："如果不让上传，那么那些播放量几万、几十万的视频是哪儿来的？"

笔者看完评论之后不由想到，有多少人还不知道抖音能拍什么视频呢？我想应该有很多。抖音只是搭建了一个平台，但是怎么玩，还得靠用户自己摸索。因此，笔者在本章将流行的短视频平台上目前播放量很大的短视频做个总结，供大家参考，让短视频运营者少走一些弯路。

对上热门的短视频，短视频平台官方都有一些基本要求，这是大家必须知道的基本原则。

3.1.1 上热门要求一：原创内容

抖音上有个账号经常会发关于农村传统美食的原创短视频，吸引了众多用户点赞、转发，如图 3-1 所示。

从这个案例可以知道，在抖音上热门需要满足的第一个要求就是：短视频必须为原创内容。很多人开始做抖音原创短视频之后，不知道拍摄什么内容，其实内容的选择没那么难，可以从以下几方面入手。

（1）记录生活中的趣事。

（2）学习热门的舞蹈，如手势舞等。

（3）利用丰富的表情和肢体语言进行表演。

（4）将你在旅途所看到的美景通过短视频展现出来。

图 3-1　关于农村传统美食的原创抖音短视频

另外，我们也可以换位思考一下，如果你是粉丝，希望看到什么内容？搞笑的肯定是大家都爱看的，如果一个人拍的短视频内容特别有意思，用户绝对会点赞和转发。还有情感的、励志的、"鸡汤"的，如果能够引起用户的共鸣，那么用户也会愿意关注。

上面的这些内容是大家广泛关注的，另外还有细分的内容。例如，某个用户要买车，那么关于鉴别车辆好坏的视频就可能成为他关注的内容。再如，某人比较胖，想减肥，那么他就会特别关注减肥类内容。这些都是普通用户所关注的内容，同样也是短视频创作者应该把握的原创方向。

3.1.2　上热门要求二：短视频内容完整

在抖音平台上，短视频最终呈现的时长一般是 15 秒，创作者一定要保证短视频的时长和内容完整度，因为视频短于 7 秒是很难被推荐的，只有保证时长才能保证短视频的基本可看性，内容演绎得完整才有机会上推荐。如果你的内容卡在一半就结束了，那么用户的体验感就会很差，你的短视频也很难上热门。

图 3-2 显示的是"×剪辑制作"在抖音上发布的一个短视频。正当用户满怀期待地看着男主角揭开面具时，画面突然弹出一个"未完"，整个视频就此结束，严重影响了用户观看短视频的心情。

图 3-2　抖音上不完整的短视频示例

3.1.3　上热门要求三：没有不属于平台的水印

抖音中的热门短视频不能带有其他 App 的水印。另外，如果使用不属于抖音的贴纸和特效，那么这样的短视频虽然可以发布，但不会被平台推荐。

如果短视频运营者发现自己的素材有水印，可以利用 PS 等工具去除，或者使用网上的一键去水印工具，如图 3-3 所示的一键去水印的微信小程序。

图 3-3　一键去水印的微信小程序

3.1.4　上热门要求四：高质量的内容

即使是在抖音这样追求颜值和拍摄质量的平台上，内容也永远是最重要的，因为只有吸引人的内容，才让人有观看、点赞和评论的欲望。

如果你想让自己的短视频上热门，那么你的作品就得有较高的质量。高质量的基本要求是视频的清晰度要高。短视频吸粉是个漫长的过程，所以作为运营者，你要多学习一些比较火的视频拍摄手法，用心选材，循序渐进地发布一些高质量的短视频，同时学会维持和粉丝的亲密度。

3.1.5　上热门要求五：积极参与活动

对于平台推出的活动，你一定要积极参与。尤其是参与那些刚刚推出的活动，只要你的作品质量过得去，就会获得不错的推荐，运气好还能上热门。图 3-4 为抖音官方推出的一些活动。

图 3-4　抖音官方活动

3.2 六大热门技巧，千万不可错过

从 2017 年下半年到 2018 年上半年，在不到一年时间里，抖音完成了自己的进化，平台上发布的短视频内容从最初的以运镜、舞蹈为主，发展到涵盖旅行、美食、正能量、萌宠、搞笑以及创意等多元化内容。

2019 年，快手平台也进行了改革——深化垂直深度，加强平台内容多元化。快手视频内容基本类型如图 3-5 所示。

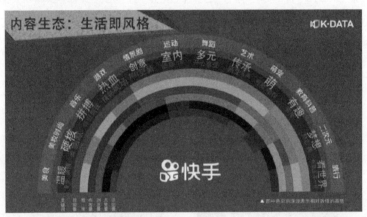

图 3-5 快手视频内容基本类型（数据来源：《2019 快手内容生态报告》）

虽然每天都有成千上万的短视频创作者将自己精心制作的视频上传到短视频平台上，但被标记为精选和上热门的却寥寥无几。到底什么样的短视频可以被推荐？本节将介绍短视频上热门的技巧。

3.2.1 题材内容新颖，挖掘独特创意

快手、抖音上有创意、内容扎实的短视频从不缺少粉丝的点赞和喜爱。

短视频运营者也可以结合自身优势，打造出有创意的短视频。例如，一位美食短视频运营者喜欢在抖音上分享一些稀奇古怪的食物吃法，如烤橘子、烤

鱼骨等，如图 3-6 所示。许多抖音用户在看到该短视频之后，因其独特的创意和高超的技艺而纷纷点赞。

图 3-6　烤橘子、烤鱼骨短视频

除了展示各种技艺，短视频运营者还可以展示一些鲜为人知的、实用的生活小妙招。例如，一位抖音运营者通过展示吸管的隐藏妙用而获得了超过 57 万的点赞，如图 3-7 所示。

图 3-7　展示生活小妙招的短视频

在笔者看来，创意类内容除了这种"脑洞大开"的短视频，更多的是搞笑短视频、段子等，即使是相似的内容也能戳中用户的笑点。

一般来说，用户之所以会给运营者发布的短视频点赞，主要有两个原因：一是喜欢运营者发布的视频内容；二是收藏这条视频，方便以后能够找到。

搞笑短视频获得点赞的原因偏向于前一个，且分享门槛低；而分享生活用品的妙用则偏向于后者。

3.2.2　平时处处留心，发现并创造美好生活

生活中充满美好，缺少的只是发现美的眼睛。用心记录生活，生活也会时时回馈给你惊喜。下面我们来看看抖音上的达人是如何通过拍摄平凡的生活片段，来赢得大量粉丝关注的。

有时候我们在不经意间可能会发现一些平时看不到的东西，或者是创造出新事物，这些新事物便有可能会给人一种美好的感觉。例如，某短视频运营者用红蜡和树枝手工制作了一些插花，用其装点了屋子，这便属于创造美好生活，如图 3-8 所示。

图 3-8　创造美好生活的短视频

美好生活涵盖面非常广，生活中一些简单的快乐也属于此类。例如，图 3-9 中的短视频，便是通过父女之间的游戏来呈现生活当中美好的一面。

图 3-9　呈现父女之间简单快乐的短视频

3.2.3　态度端正认真，内容积极乐观

接下来，笔者将从 3 个方面结合具体案例进行解读，让大家了解什么样的内容才是积极乐观的内容。

1. 好人好事

好人好事包含的范围很广，既可以是见义勇为、为他人伸张正义的行为事迹，也可以是拾金不昧、主动将财物交还给失主的行为事迹，还可以是看望孤寡老人、关爱弱势群体的行为事迹，如图 3-10 所示。

短视频用户在看到这类视频时，会从那些做好人好事的人身上看到善意，感觉到这个社会的温暖。同时，这类视频很容易触及短视频用户柔软的内心，让他们看后忍不住想要点赞。

2. 积极的文化内容

积极的文化内容包含了书法、音乐、武术等，这类内容在短视频平台上具有较强的感召力。如果短视频运营者有文化方面的特长，可以用短视频的方式展示给用户，让用户感受到文化的魅力。图 3-11 中的快手短视频，便是通过展示书法写作来让快手用户感受文化魅力的。

图 3-10　看望孤寡老人的短视频

图 3-11　展示书法写作的短视频

3. 努力拼搏

当用户看到短视频中那些努力拼搏的身影时，会感受到满满的正能量，在深受感染之余，内心也会产生一种认同感。而在短视频平台上表达认同最直接的方式就是点赞。因此，那些传达努力拼搏精神的短视频，通常比较容易获得较高的点赞量，如图 3-12 所示。

图 3-12　关于努力拼搏的短视频

4. 祖国山河

歌曲《河山大好》里有这么一句歌词："心情大好，出去走走，碧海蓝天，吹吹风。"分享一些山河景色的短视频，可以让大家感受到祖国大地的美好，开阔眼界，如图 3-13 所示。

图 3-13　关于山河景色的短视频

3.2.4　精心设计剧本，拍摄反转剧情

短视频的结局出人意料地反转，往往能让人眼前一亮。因此，创作者在拍摄短视频时要打破常规惯性思维，使用户在看开头时猜不透结局的动向。直至看到最终结果，用户才豁然开朗，忍不住为视频点赞。

如图 3-14 所示，这对母女经常在田里"抬扛"。女儿口才非常了得，出口成章，句句经典，每次说的话都特别有道理，但最后都被母亲驳回了，因为母亲的口才更厉害。这样的反转剧情非常吸引粉丝。

图 3-14　反转剧情的短视频

3.2.5　分析优秀作品，紧抓热榜

很多运营者都参加了短视频平台上的挑战赛，"热梗"也玩了不少，短视频都是原创作品，制作还很用心，但为什么就是得不到系统推荐，点赞数也特别少呢？

一条视频想要在抖音上火起来，除"天时、地利、人和"外，笔者还总结了两条重要的"秘诀"：一是要有足够吸引人的全新创意；二是内容丰富。要做到这两点，最简单的方法就是紧抓短视频平台官方发布的热榜，其中不仅有丰富的内容，还有大量的创新玩法。

比如，抖音上每天都会有不同的挑战话题，运营者发短视频的时候可以添加一个挑战话题。只要你的短视频够优秀，就会被推荐到首页，短视频的曝光率也会因此变得更高，同时引来相同爱好者的更多点赞与关注。图3-15所示为添加"全球挑战洗手舞"话题的短视频上了热门推荐。短视频运营者也可以通过"抖音小助手"的精选短视频，来分析获得高推荐量的短视频的内容特点，学习其中的优点，以弥补自己的不足。

图3-15　添加"全球挑战洗手舞"话题的短视频

3.3 十大热门内容，任君随意挑选

不管你是做电商营销、自媒体，还是做"抖商"，都要时刻对那些爆款产品保持敏锐的嗅觉，及时研究、分析、总结它们成功背后的原因。不要一味地认为那些人之所以成功都是运气好，而要总结和思考他们是如何成功的，多积累成功的经验，站在"巨人的肩膀"上，你才能看得更高、更远，才更

容易超越他们。下面是笔者总结的短视频十大热门内容类型，提供给大家作为参考。

3.3.1　搞笑视频段子，容易出爆款

幽默搞笑类内容一直都不缺观众。许多人之所以经常刷快手、抖音，主要就是因为快手、抖音中有很多短视频内容能够逗人一笑。所以，那些笑点十足的短视频很容易在快手、抖音中被引爆。图 3-16 所示为幽默搞笑类的视频内容，搞笑话题播放量达数百亿、上千亿次。

图 3-16　幽默搞笑类的视频内容

3.3.2　有才艺可矣，如是高手更好

才艺的范围很广，除了常见的唱歌、跳舞，还包括摄影、绘画、书法、演奏、相声、脱口秀等。只要短视频中展示的才艺足够独特，并且能够让快手、抖音用户赏心悦目，就很容易上热门。下面是笔者分析和总结的一些快手、抖音"大 V"们展示的不同类型的才艺，看看他们是如何成功的。

1. 演唱才艺

例如，某歌手不仅拥有较高的颜值，而且歌声非常好听，还曾在各种歌唱节目中现身，展示非凡的实力。这让他的短视频账号完成了从默默无闻到拥有 3000 多万粉丝的转变。图 3-17 所示为其抖音账号主页及相关短视频。

图 3-17 某歌手的抖音账号主页及相关短视频

2. 舞蹈才艺

有一位舞蹈类短视频运营者,她动感的舞蹈、甜美的笑容,给快手、抖音用户留下深刻记忆,助她收获了千万粉丝。她是一名职业舞者,她的舞蹈短视频给人朝气蓬勃、活力四射的感觉,她跳起舞来更是让人赏心悦目。图3-18所示为这位舞者的相关抖音短视频。

她在成名前,只活跃在短视频平台,从未参加过任何综艺节目。随着在短视频平台走红,她曾受邀踏上了《快乐大本营》舞台,前途不可限量。让"网红"上电视,就是主流媒体对她的一种肯定,对她自身知名度的提升也有一定的帮助。

图 3-18 展示舞蹈才艺的抖音短视频

3. 演奏才艺

学乐器的特别是在乐器演奏上取得一定成就的运营者，发布展示自身演奏才艺类的短视频，只要内容足够精彩，便能快速吸引大量用户关注。图 3-19 中的两条快手短视频，就是通过演奏才艺来吸引用户关注的。

图 3-19　通过演奏才艺吸引用户关注的短视频

才艺展示是打造个人 IP 的一种重要方式。而成功的 IP 打造，又可以吸引大量精准的粉丝，为 IP 变现打下良好的基础。因此，许多拥有个人才艺的短视频运营者，都会注重通过展示才艺来打造个人 IP。

3.3.3　定位搞笑模仿，反差创造新意

在抖音和快手等短视频平台上，各种搞笑、模仿经典类短视频非常活跃。所以，运营者想做出火爆的内容，不妨也考虑走"搞笑／整蛊"路线，运用反向思维将一些经典的内容制造出反差，创造出新意。

网络上最打动笔者的一句话是，上天眷顾这个时代有梦想和在努力的人。抖音上有位歌手曾流浪 10 年，2018 年哔哩哔哩弹幕网的 UP 主发布了这位歌手过去在选秀节目上采用搞笑方式演唱的一首歌，这首歌火遍全网，歌手因此一夜成名。如今他的粉丝达到了几百万，但他依然在坚持着自己的音乐梦想，

同时还时不时搞笑／整蛊一下，如图3-20所示。

图3-20　某搞笑歌手的抖音号

又比如，有位表情搞怪的短视频运营者在学生时代就经常拍摄一些有趣的真人表情包发布到网上，嘟嘟嘴是他最大的亮点。他还经常模仿其他的"网红"，吸引众多网友关注和转发，如图3-21所示。虽然他其貌不扬，但搞笑功力十足，各种有趣的表情非常到位，他的表情包甚至成为网友们"斗图的武器"。

图3-21　真人表情包的短视频

3.3.4 五毛钱的特效，也可玩转抖音

在各种短视频平台上，不乏很多低调的"大V"，他们主要靠创意来取胜。要想获得有创意的灵感，一个非常快捷的方法就是从微信公众号发布的内容取材。短视频运营者可以多关注一些经常出爆款内容的公众号，从中找到自己所需的编辑素材，或者利用发散性思维在这些素材中添加自己的创意。此外，那些可以引爆朋友圈的内容，在抖音、快手上也能很快火爆起来。

抖音官方也会经常举办一些"技术流"的挑战赛，鼓励运营者发布更高品质的短视频。运营者可以学习达人的拍摄技巧，跟随音乐晃动镜头，或是像变魔术一样进行各种转场，拍摄出酷炫、自然的视频。

另外，运营者也可以给短视频添加一些小道具，它们和"Faceu激萌""B612咔叽"等应用比较相似，都是可以让画面更可爱、更有趣的小玩意儿。总之，多种排列有无限种可能，便于运营者创作出更多新潮、不一样的作品。

例如，抖音平台上有位非常神秘的达人，在他的短视频中，人物的脸部通常是一片漆黑的，没有人知道他长什么样子。他制作的短视频效果非常酷炫，他算是抖音平台最早的一批技术流"大神"，如图 3-22 所示。在他的短视频里，喷雾可以让人隐身，踹一脚就能把车停好，用手机一丢就能打开任意一扇门，还可以在可乐瓶上跳舞，他的每一条短视频都获得了抖音的热门推荐。

图 3-22　其神秘达人的抖音短视频

3.3.5 旅游所见美景，都是视频灵感

抖音上展现美景和旅游风光的短视频非常多，它们能够激起用户对美景的向往，让很多想去而去不了的人得到心理上的满足。抖音官方也乐于推荐这些短视频，而且还推出了"拍照打卡地图"功能，同时发布了很多示范打卡地图，引导运营者创作相关的作品。

随着这类短视频在抖音上火爆，很多"网红"景点顺势打造爆款IP。例如，赵雷在《成都》这首歌里唱的"玉林路"和"小酒馆"等地点，让不少年轻人慕名前往。这样的例子数不胜数。"《西安人的歌》+ 摔碗酒"成就了西安旅游大IP，"穿楼而过的轻轨 +8D 魔幻建筑落差"让重庆瞬间升级为"网红"城市，"土耳其冰淇淋"让本就红火的厦门鼓浪屿吸引了更多慕名而来的游客。"网红"经济时代的到来，使城市地标不再局限于标志性建筑，它还可以是一面墙、一座码头，甚至是一家小店。

"抖音同款"为城市找到了新的宣传突破口。一个个15秒的短视频，将城市中那些具有代表性的吃食、建筑、工艺品等高度提炼，配以特定的音乐、滤镜和特效，进行重新演绎，产生了超越文字和图片的感染力。图 3-23 所示为西安和富阳湖"网红"景点。

图 3-23 抖音上的网红景点

在过去，人们要描绘"云想衣裳花想容"这样的画面，只能用文字或画笔进行繁复的解释或描绘。但现在，在抖音上发起一个汉服古装的挑战，任

何用户都能通过这些不超过 1 分钟的短视频，了解到其内涵。

3.3.6 爱演的"戏精"，吃瓜的群众

"戏精"类内容是指主播运用自身的表演技巧和出乎意料的剧情安排，将"戏精"的特性完美展现。"戏精"类视频内容非常适合发起话题挑战，吸引很多用户共同参与创作，如图 3-24 所示。

图 3-24　抖音上的"戏精"话题

3.3.7 传授技能，实用才会吸引人

许多快手、抖音用户是抱着猎奇的心态刷短视频的。那么，什么样的内容能满足用户的这种需求呢？有一种是技能传授类内容。技能的范围比较广，既包括各种绝活，也包括一些小技巧。展示的是打结的技能。

很多技能都是长期训练之后的产物，普通快手、抖音用户可能也无法轻松掌握。不过，除了难以掌握的技能，快手、抖音运营者也可以在短视频中展示一些用户学得会、用得着的技能。许多爆红短视频展现的技能便属于此类，

示例如图 3-26 所示。

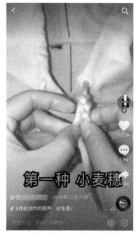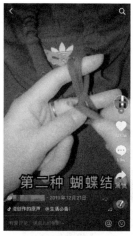

图 3-25　展示"打结"技能的短视频

爆红短视频技能展现的示例
- 抓娃娃"神器"、剪刀娃娃机等娱乐技能
- 快速点钞、创意地堆造型补货等经营超市的技能
- 剥香肠、懒人嗑瓜子、剥橙子等"吃货"技能
- 叠衣服、清洗洗衣机、清理下水道等生活技能

图 3-26　技能展现的示例

与一般的内容不同，很多技能类的短视频内容能让一些用户觉得像发现了新大陆。因为此前从未见过，所以用户会觉得特别新奇。如果他们认为短视频中的技能在日常生活中用得上，就会收藏，甚至将短视频转发给自己的亲戚朋友。因此，只要你在短视频中"炫"的技能在用户看来是实用的，播放量通常会比较高。

3.3.8　结合自己的专业，推动信息普及

如果短视频运营者能够结合自己的兴趣爱好和专业打造短视频内容，针对大众比较关注的一些内容进行信息普及，那么，短视频的制作就会变

得容易很多。如果短视频内容具有收藏价值，短视频用户也会很乐意给你的短视频点赞。

例如，"网易云音乐"主要普及音乐信息，"手机摄影构图大全"主要对摄影技巧相关知识进行普及。因为音乐和摄影作品都有广泛的受众，其内容对用户也比较有价值，因此，这两个抖音号发布的短视频内容都得到了不少用户的支持。图3-27为这两个抖音号发布的短视频。

图 3-27　普及推广型短视频

3.3.9　肚内学富五车，出口锦绣文章

如果短视频用户看完你的短视频之后，能够获得一些知识，那么他们自然会对你发布的短视频感兴趣。

许多人觉得古诗词距离我们现代生活比较遥远，学习起来比较难，很难对它产生兴趣。但抖音上有位老师却用调侃的方式和浓重的方言腔输出古诗词知识，让原本枯燥的课程变得有趣。所以，这位老师发布的抖音短视频很容易就吸引了大量抖音用户。图3-28为这位老师发布的相关抖音短视频。

图 3-28　老师发布的抖音短视频

/第 / 4 /章

文案编写训练，打造优质内容

◁ 学前提示

视频的封面、文字说明和开头内容属于文案的一部分，许多用户都会根据视频的封面决定要不要点击观看。在看视频的过程中，用户也会根据视频的文字说明和开头内容决定要不要看完视频，要不要对视频进行点赞、评论和转发。

要点展示

- 拟写吸睛标题，文案编写之始
- 内容表情达意，效果层层加分

4.1 拟写吸睛标题，文案编写之始

许多快手、抖音用户在看一个短视频时，首先注意到的就是它的标题。因此，一个短视频的标题好不好，将对它的相关数据产生很大影响。那么，如何打造爆款标题呢？笔者认为必须掌握 3 个关键要素。

4.1.1 标题制作要点，紧扣视频内容

作为短视频的重要部分，标题是短视频运营者需要重点关注的内容。短视频运营者必须掌握一定的标题写作技巧和标准，只有熟知标题必须具备的要素，才能更好、更快地撰写标题，使标题达到吸引人的效果。

那么，运营者在撰写短视频标题时，应该重点关注哪些方面，并进行切入和语言组织呢？接下来，我们就一起来看一下标题的要素。

1. 与内容紧密关联

标题是短视频的"窗户"，用户要是能从这扇窗户中看到短视频内容的梗概，就说明这一标题是合格的。换句话说，就是标题要体现出短视频内容的主题。

虽然标题就是要起到吸引受众的作用，但是如果受众被某一短视频标题吸引，观看之后却发现标题和短视频内容主题关系不大，或完全没有关系，那么受众对这个短视频发布者的信任度就会降低，短视频的点赞和转发量也会因此被拉低。

这就要求运营者在撰写短视频标题的时候，一定要注意标题与内容主题的紧密程度，切勿"挂羊头卖狗肉"，做标题党。应该像图 4-1 所示的一样，尽可能地让标题与内容紧密关联。

图 4-1 紧密联系主题的标题

2. 重点要突出

　　运营者撰写的标题一定要突出重点，简洁明了，字数不要太多，读起来最好是朗朗上口的，这样才能让受众在短时间内清楚地知道你要表达的是什么。受众在看到简单明了的标题时，会有比较舒适的视觉感受，阅读起来也更为方便，自然也就愿意点击观看你的短视频内容了。

　　图 4-2 所示的短视频标题只有短短几个字，但受众却能从中看出短视频的主要内容，这样的标题就很好。

图 4-2 突出重点的简短标题

4.1.2　撰写短视频文案标题，须掌握三大核心技能

前面讲过，好的标题是短视频吸引受众的重要因素。那么，怎样才能写出好的短视频文案标题呢？下面介绍一些技巧。

1. 拟写标题，遵循三大原则

评判一个短视频文案标题的好坏，不仅仅要看它是否有吸引力，还需要参照其他一些原则。在遵循这些原则的基础上撰写的标题，能让你的短视频更容易上热门。

（1）换位原则

短视频运营者在拟定文案标题时，不能只站在自己的角度去想要推出什么，而要站在受众的角度去思考。也就是说，应该将自己当成受众。想一想，如果你想知道某个问题的答案，那么你会用什么搜索词进行搜索？厘清思路后，写出来的文案标题才会更接近受众心理。

因此，短视频运营者在拟写标题前，可以先对有关的关键词进行搜索，然后从排名靠前的标题中找出标题写作规律，再将这些规律用于自己要撰写的文案标题中。

（2）新颖原则

短视频运营者如果想让自己的文案标题变得新颖，可以采用多种方法。笔者在这里介绍几种比较实用的方法。

- 尽量使用问句，这样比较能引起人们的好奇心。比如，"谁来'拯救'缺失的牙齿"，这样的标题更容易吸引用户。
- 尽量写得详细，这样会更有吸引力。
- 尽量将利益写出来。无论是用户观看这个视频后所收获的利益，还是这个视频中涉及的产品或服务所带来的利益，都应该在标题中直接告诉用户，从而提高标题对用户的影响力。

（3）关键词组合原则

通过观察，我们可以发现，那些获得高流量的标题都拥有多个组合之后的关键词。单个关键词的标题的排名影响力肯定不如多个关键词。

例如，如果仅在标题中嵌入"面膜"这一关键词，那么用户在搜索时，只有搜索到"面膜"这一个关键词时，标题才会被搜索出来，而标题上如果

含有"面膜""变美""年轻"等多个关键词，则用户搜索到其中任意关键词，标题都会被搜索出来，标题"露脸"的机会也就更多了。

2. 涵盖文章，凸显主旨

俗话说："题好一半文。"它的意思就是说，一个好的标题就等于一半的文章内容。衡量一个标题好坏的方法有很多，其中一个主要参考依据就是标题是否体现短视频的主旨。

如果一个标题不能够做到在受众看见它的第一眼时就明白它要表达的内容，那么受众在很大程度上就会放弃观看这个短视频。而标题是否体现短视频文案主旨将会产生什么样的不同结果呢？具体分析如图4-3所示。

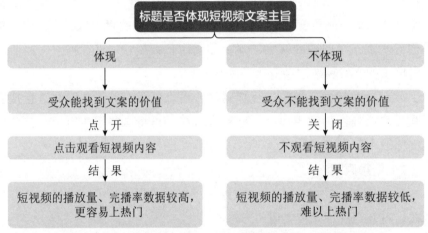

图4-3　标题是否体现短视频文案主旨将产生的不同结果分析

经过分析，大家可以直观地看到，标题是否体现文案主旨会直接影响短视频的传播效果。所以，如果短视频运营者想让自己的短视频上热门，那么一定要多注意标题体现出短视频文案的主旨。

3. 掌握"词根"，提高曝光率

笔者在前文中介绍标题应该遵守的原则时，曾提及写标题要遵守关键词组合的原则，这样才能凭借更多的关键词提高标题的"曝光率"，让自己的短视频出现在更多受众面前。在这里，笔者将给大家介绍如何在标题关键词中加入"词根"。

"词根"指的是词语的组成根本，只要有"词根"，就可以组成不同的词。

例如，一个标题为"十分钟教你快速学会手机摄影"，那么这个标题中"手机摄影"就是关键词，而"摄影"就是"词根"。根据这个"词根"我们可以写出更多与摄影相关的标题，从而使含有这些标题或关键词的短视频被搜索到的概率大大提升。

4.1.3 常见标题类型，8种不同套路

曾经流传过一句话："标题决定了80%的流量。"虽然其来源和准确性不可考，但由其流传之广就可知，标题对于短视频流量的重要性是值得重视的。

了解了标题制作要点和三大核心技能，接下来我们具体了解一下该利用何种表达方式去设置标题。

1. 福利型

福利型标题是指在标题中向受众传递一种"观看这个短视频你就赚到了"的感觉，让受众自然而然地想看完短视频。一般来说，福利型标题准确把握了受众追逐利益的心理需求，让受众一看到"福利"的相关字眼就会忍不住想了解短视频的内容。

福利型标题的表达方法有两种：一种是比较直接的，另一种则是间接的。虽然表达方法不同，但是效果相差无几，具体如图4-4所示。

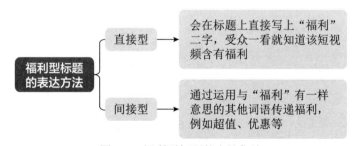

图4-4 福利型标题的表达方法

值得注意的是，在撰写福利型标题的时候，无论是直接型还是间接型的，都应该掌握图4-5所示的3点技巧。

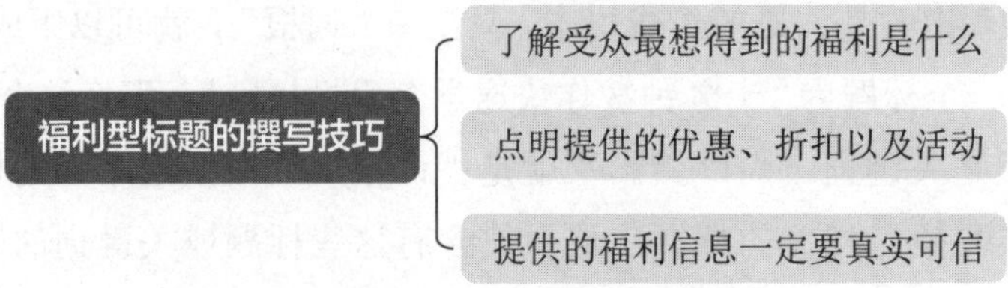

福利型标题的撰写技巧

- 了解受众最想得到的福利是什么
- 点明提供的优惠、折扣以及活动
- 提供的福利信息一定要真实可信

图 4-5　福利型标题的撰写技巧

福利型标题有直接福利型和间接福利型两种不同的表达方式，不同的标题案例有不同的特色。接下来，我们就一起来看看这两种福利型标题的经典案例，如图 4-6 和图 4-7 所示。

图 4-6　直接福利型标题

图 4-7　间接福利型标题

这两种福利型标题虽然稍有区别，但本质上都是通过"福利"来吸引受众的眼球，从而提升短视频的点击量的目的。

福利型标题通常会给受众带来一种惊喜感。试想，如果短视频标题中或明或暗地指出其中含有福利，你难道会不心动吗？

福利型标题既可以吸引受众的注意力，又可以为受众带来实际利益，可谓一举两得。当然，运营者在撰写福利型标题的时候，要注意不可因为侧重福利而偏离主题，并且最好不要使用太长的标题，以免影响短视频的传播效果。

2. 价值型

价值型标题，是指向受众传递只要观看了短视频就可以掌握某些技巧或者知识等信息的标题。

　　这种类型的标题之所以能够引起受众注意，是因为它抓住了人们想从短视频中获取实际利益的心理。许多抖音、快手用户都是带着一定目的刷短视频的，要么是希望短视频含有福利，比如优惠、折扣；要么是希望从短视频中学到一些有用的知识。因此，价值型标题的魅力是不可阻挡的。

　　在打造价值型标题的过程中，运营者往往会碰到一些问题，比如"什么样的技巧才算有价值""价值型标题应该具备哪些要素"等。那么价值型标题到底应该如何撰写呢？笔者总结了 3 个技巧，如图 4-8 所示。

撰写价值型标题的技巧	使用比较夸张的语句突出价值
	懂得一针见血地抓住受众的需求
	重点突出技巧知识点好学、好用

图 4-8　撰写价值型标题的技巧

　　值得注意的是，在撰写价值型标题时，最好不要提供过于夸张的信息，比如"一分钟学会 ×××""3 大秘诀包你 ×××"等。价值型标题可以有一定的夸张成分，但要注意把握好度，要有底线和原则。

　　价值型标题通常会出现在技术类短视频文案之中，主要是为受众提供实际好用的知识和技巧，图 4-9 所示为典型的价值型标题。

图 4-9　价值型标题

短视频用户看到这种价值型标题，会更加有动力去查看短视频的内容，因为这种类型的标题会给人一种学习这个技能很简单、不用花费过多的时间和精力的印象。

3. 励志型

励志型标题最为显著的特点就是"现身说法"，一般是用第一人称的方式讲故事。故事的内容包罗万象，但总的来说离不开成功的方法和经验等。

比如，如今很多人都想致富，却苦于没有致富的方法。如果有励志型短视频，告诉人们怎样打破枷锁，走上人生巅峰，他们就很有可能对带有这类内容的标题感到好奇。励志型标题模板主要有两种，如图4-10所示。

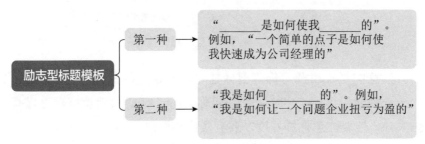

图 4-10　励志型标题的两种模板

励志型标题的好处在于感染力强，容易给人一种鼓舞人心的感觉，勾起短视频用户的欲望，从而提升短视频的完播率。

那么，打造励志型标题是不是单单依靠模板就行了呢？答案是否定的。模板固然可以借鉴，但在实际操作中，还是要根据短视频内容的不同而研究特定的励志型标题。总的来说，有3种经验技巧可供借鉴，如图4-11所示。

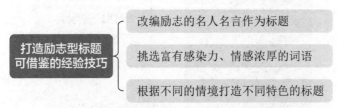

图 4-11　打造励志型标题可借鉴的经验技巧

一个成功的励志型标题不仅能够带动受众的情绪，而且还能促使短视频用户对短视频产生极大的兴趣。图4-12为励志型标题的典型案例，它们都带有较强的励志色彩。

图 4-12 励志型标题

励志型标题一方面利用受众想获得成功的心理，另一方面则巧妙地掌握了情感共鸣的精髓，通过带有励志色彩的字眼来引起受众的情感共鸣，从而成功吸引受众。

4. 冲击型

不少人认为"力量决定一切"，这句话虽带有绝对化的主观意识，但还是有一定道理的。而冲击力作为力量的一种，在短视频标题中有着独特的价值和魅力。

所谓"冲击力"，即触动人的视觉和心灵的力量，这也是短视频引起受众关注的原因所在。

运营者在撰写具有冲击力的标题时，要善于利用"第一次"和"比……还重要"等类似的独具特色的词汇——因为受众往往比较关注那些具有突出特点的事物，而"第一次"和"比……更重要"等表述是最能充分体现其突出性的，它们往往能带给受众强大的冲击感。

图 4-13 为两个带有冲击感的抖音短视频标题案例。这两个短视频的标题就是利用"第一次"和"最重要"这种比较极端的语言，来对抖音用户造成一种视觉乃至心理上的冲击。

图 4-13 冲击型标题

5. 揭露型

揭露型标题，是为受众揭露某事物不为人知的真相或秘密的一种标题。大部分人都有好奇心和八卦心理，揭露型标题恰好可以抓住受众的这种心理，让受众产生一种莫名的兴奋感，继而充分引起受众的兴趣。

短视频运营者可以利用揭露型标题做一个长期的专题，从而达到一段时间内或者长期凝聚受众的目的。这种类型的标题比较容易打造，只需把握 3 个要点即可，如图 4-14 所示。

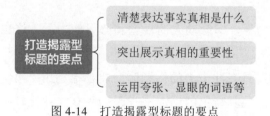

图 4-14 打造揭露型标题的要点

揭露型标题，最好在标题之中显示出冲突性和巨大的反差，这样可以有效引起受众的注意，使受众认识到短视频内容的重要性并愿意主动观看短视频，短视频的播放量也会因此得到提高。

图 4-15 为揭露型短视频标题的案例，这两个标题都侧重于揭露事实真相，

短视频内容也侧重于讲解不为人知的新鲜知识，从标题上就做到了有效吸引受众的目光。

图 4-15 揭露型标题

揭露型标题其实和建议型标题有不少相同点，它们都提供了具有价值的信息，能够为受众带来实际的利益。当然，所有的标题往往都有一定的价值和特色，否则也无法引起受众的注意，更别提为短视频的点击率和播放量做出贡献了。

6. 悬念型

好奇是人的天性，悬念型标题就是利用人的好奇心来打造的，它能快速抓住受众的眼球，提升受众的观看兴趣。

标题中的悬念是一个诱饵，其作用是引导短视频用户查看短视频的内容，因为大部分人看到标题里有没被解答的疑问和悬念，就会忍不住想弄清楚到底是怎么回事。这就是悬念型标题的套路。

悬念型标题在日常生活中运用得非常广泛，也非常受欢迎。人们在看电视剧、综艺节目时也经常会看到节目预告之类的广告，这些广告就会采取这种悬念型标题引起观众的兴趣。利用悬念撰写标题的方法通常有 4 种，如图 4-16 所示。

利用反常的现象造成悬念

利用变化的现象造成悬念

利用悬念撰写标题的常见方法

利用受众的欲望造成悬念

利用不可思议的现象造成悬念

图 4-16　利用悬念撰写标题的常见方法

　　悬念型标题是短视频运营者青睐有加的标题类型之一，其效果也是有目共睹的。如果你不知道怎么撰写标题，那么悬念型标题是一个很不错的选择。图 4-17 为悬念型标题的典型案例。

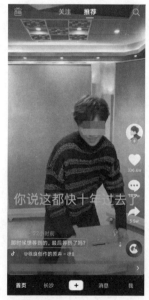

图 4-17　悬念型标题

　　悬念型标题的主要目的是增强短视频的可看性，使用这种类型的标题时，一定要确保短视频内容确实是能够让用户感到新奇的，不然就会导致用户的失望与不满，继而会让用户对发布该短视频的账号产生质疑，影响它在用户心中的美誉度。且如果只有标题制造了悬念而内容太无趣，那么最多吸引用户点击 1～3 次，而难以长久地留住用户，无法达到引流目的。

　　因此，运营者在设置悬念型标题的时候要非常慎重，切忌空有标题悬念，而忽略了短视频文案营销的目的和文案本身的质量。

7. 借势型

借势是一种常用的标题制作手法。借势不仅是完全免费的，而且效果还很可观。借势型标题是指在标题上使用社会上一些时事热点、新闻相关的词汇来给短视频造势，以增加点击量。

时事热点通常拥有一大批关注者，而且传播的范围也会非常广，短视频标题借助这些热点就可以让更多用户搜索到该短视频，从而增加点击量。

那么，运营者在创作借势型标题的时候，应该掌握哪些技巧呢？笔者认为，可以从图4-18所示的3个方面来努力。

打造借势型标题的技巧 —— 时刻保持对时事热点的关注
懂得把握标题借势的最佳时机
将明星热门事件作为标题内容

图4-18 打造借势型标题的技巧

2019年中华人民共和国成立70周年之际，国民的爱国热情高涨，大量短视频观众对"我和祖国"进行了热议。正是因为看到了这一点，许多短视频运营者在制作标题时借用了"歌唱我的祖国"这个话题，如图4-19所示。

图4-19 借用"歌唱我的祖国"话题的标题

值得注意的是，在打造借势型标题的时候，要注意两个问题：一是带有负面影响的热点不要蹭，大方向要积极向上，充满正能量，带给受众正确的思想引导；二是最好在借势型标题中加入自己的想法和创意，然后将发布的短视频与之相结合，做到借势与创意完美同步。

8. 警示型

警示型标题常常通过发人深省的内容和严肃深沉的语调给受众以强烈的心理暗示，从而给受众留下深刻印象。

警示型标题是一种有力量且严肃的标题，意在通过标题给人以警醒，从而引起受众的高度注意。警示型短视频标题中通常包含 3 种内容，如图 4-20 所示。

图 4-20　警示型标题包含的内容

那么，警示型标题应该如何构思打造呢？很多人只知道警示型标题能够产生比较显著的影响，容易夺人眼球，但说到具体如何撰写却是一头雾水。笔者在这里分享 3 点技巧，如图 4-21 所示。

图 4-21　打造警示型标题的技巧

在运用警示型标题时，需要注意标题是否与内容相衬，因为并不是每一个短视频都可以使用这种类型的标题。

这种标题形式运用得恰当，能为短视频加分，起到其他标题无法替代的作用；但若运用不当，很容易让受众产生反感情绪，甚至引起一些不必要的麻烦。因此，短视频运营者在使用警示型标题的时候要谨慎小心，注意用词恰当，绝对不能草率行文，更不能不顾内容胡乱取标题。

　　警示型标题可以应用的场景很多，无论是技巧类的短视频内容，还是供大众消遣的娱乐八卦新闻，都可以用到这一类型的标题形式。图4-22为带有警示型标题的短视频案例，让受众一眼就锁定，从而产生观看的兴趣。同时，标题中的"千万"既起到了警示受众的作用，又吸引了受众观看短视频。

　　选用警示型标题这一标题形式，主要是为了引起受众对短视频的关注，从而扩大短视频的传播范围，因为警示的方式往往更加醒目，且内容与短视频受众的利益相关。当看到短视频提醒某些做法可能会让自己利益受损时，可能本来不想看的受众也会点击查看这个短视频，因为涉及自身利益的事情是受众所关心的。

图 4-22　警示型标题

4.2　内容表情达意，效果层层加分

　　一个好的短视频文案，能够快速吸引大量短视频用户的注意力，从而让发布它的账号快速增加大量粉丝。那么，如何才能写好短视频文案，做到吸睛、

增粉两不误呢？这一节，笔者就来为大家介绍短视频文案的基本写作方法。

4.2.1 把握文字表达，做到雅俗共赏

要想更高效率、更高质量地完成写作短视频文案的任务，除了要掌握写作技巧，还要学会玩转文字，让文字表达更合受众的口味。

1. 语言通俗易懂

语言要通俗易懂，雅俗共赏。这既是对短视频文案的基本要求，也是在处理文案逻辑时必须了解的写作技巧之一。

从本质上讲，通俗易懂是通过文字组合让用户一看就明白你展示的内容讲的是什么。

图 4-23 为抖音短视频封面文案"灾难始终慢我一步"和"会飞的不一定是超人，可能是你身边的兵哥哥"。这些文案特别通俗易懂，让抖音用户一看就能明白该短视频要讲哪方面的内容。

图 4-23 通俗易懂的文案

从通俗易懂的角度出发，我们追求的主要是文字带来的实际效果，而非单纯的文字排列组合。那么，如何让文字达到更好的实际效果呢？短视频运营者不妨从以下 3 个方面进行考虑。

（1）是否适合要用的媒体；

（2）是否适合产品的市场；

（3）是否适合产品的卖点。

2. 删除多余内容

成功的文案往往表现统一，失败的文案则原因众多。在可避免的问题中，文字多余、含糊不清是失败的主因，其导致的结果主要包括内容毫无意义、文字说服力弱和问题模棱两可等。

解决多余文字最为直接的方法就是将其删除，这也是强调与突出关键字句最为直接的方法。图4-24为某App的广告文案，我们可以看到它直接告诉用户走路就能赚钱，而没有说其他多余的内容。

图4-24　某App的广告文案

删除多余的内容对于广告文案来说其实是一种非常聪明的做法：一方面，多余的内容删除之后，重点内容更加突出，受众能够快速把握短视频要传达的意图；另一方面，多余的内容删除之后，内容将变得更加简练，同样的内容能够用更短的时间进行传达，受众不容易产生反感情绪。

3. 少用专业术语

专业术语是指特定领域和行业中，对一些特定事物的统一称谓。在现实生活中，专业术语十分常见，如家电维修业将集成电路称作 IC，添加编辑文件称加编，大企业中称执行总裁为 CEO 等。

人们对专业术语的实用性往往评价不一，但我们从短视频文案写作的技巧出发，往往需要将专业术语用更简洁的方式表述出来。专业术语的通用性比较强，但文案中往往不太需要。相关数据研究也显示，专业术语并不适合传达给大众，尤其是在快节奏的生活中，节省受众的时间和精力，提供良好的观看体验才是至关重要的。

图 4-25 为某电脑广告文案的部分内容，这则文案中有一些外行人看不太懂的词汇，如"GTX 1050 TI""GTX 1060 MAX"等，这样就会让一些不太懂行的受众看得一头雾水。

图 4-25　某电脑的广告文案

当然，减少术语的使用量，并不是不使用专业术语，而是要控制使用量，并且适当地对专业术语进行解读，把专业内容变得通俗化，让受众知道文案中专业术语表达的意思。

4. 内容重点突出

主题是整个短视频文案的生命线，所以，撰写文案时要围绕主题，用心梳理内容，确保主题绝妙且有真实价值。

在任何一个文案中，主题往往是最为醒目的，也是文字较为简洁的。在广告类文案中，它的内容甚至只有一句话，这一句话就是它的主题。图4-26中的文案主要向受众展示"世界七大奇迹"，所以该短视频中直接将这一主题用比较大的字号展示出来，放在了短视频画面的上方，让受众一看就能明白。

图 4-26　重点突出的文案

需要注意的是，我们要想突出文案的主题，还要提前给相关的受众群体一个定位，比如介绍一款抗皱能力突出的衬衣，其文案定位应该从 3 个方面入手，如图 4-27 所示。

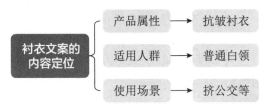

图 4-27　衬衣文案的内容定位

除了醒目的重点内容，文案中的重点信息也必须在一开始就传递给受众，但是因为文案写作者的能力不同，文案的表达效果也会有差异。优秀的文案应该是简洁、突出重点、适合产品、适合媒介、适合目标群体的，它们的形式不花哨，语言也不啰唆。

4.2.2　坚持立足定位，实现精准营销

精准定位同样属于撰写短视频文案的基本要求之一，每一个成功的广告文案都具备这一特点。图 4-28 所示为两个女装品牌的广告文案。

图 4-28　两个女装品牌的广告文案

这两个广告文案的成功之处就在于根据自身定位，明确指出了目标消费群体是小个子女生，这样做能够快速吸引大量精准用户。我们要想做到精准定位内容，可以从 4 个方面入手，如图 4-29 所示。

精准定位内容的相关分析

- 简单明了，以尽可能少的文字概括产品精髓，保证广告信息传播的有效性
- 尽可能地打造精练的广告文案，用于吸引受众的注意力，也方便受众迅速记住相关内容
- 使用简短文字，更好地表达内容，防止受众产生阅读上的反感
- 从受众出发，对消费者的需求进行换位思考，并将相关的有针对性的内容直接表现在文案中

图 4-29　精准定位内容的相关分析

4.2.3　加强个性表达，留下深刻印象

　　形象生动的文案表达，能营造出鲜活的画面感，从而加深受众的第一印象，让受众看一眼就能记住文案内容。图4-30为关于手机壁纸的文案，它便是通过壁纸中文字的个性表达来赢得用户关注的。

图 4-30　关于手机壁纸的文案

　　每一个优秀的文案最初都只是一张白纸，需要创作者不断地添加内容，才能够最终成形。要想更有效地完成文案写作任务，创作者需要对相关的工作内容有清晰的认识。

　　一则生动形象的文案可以通过富有个性的别样表达，在引起受众关注、快速让受众接收文案内容的同时，激发受众对文案所介绍产品的兴趣，从而促进产品的推广和销售。

4.2.4　写评论区文案，有三大重要技巧

　　说到文案，大多数运营者想到的可能是短视频的内容文案。其实，除此之外，在短视频运营过程中还有一个必须重点把握的文案，那就是评论区文案。

那么，评论区文案的写作有哪些技巧呢？下面，笔者就来进行具体分析。

1. 根据短视频内容进行自我评论

短视频文案能够呈现的内容相对有限，因此运营者可能需要通过评论区的自我评论来补充相关内容。另外，短视频刚发布时，可能看到它的用户不是很多，也不会有太多用户评论。运营者进行自我评论，能在一定程度上引导用户评论。

如图 4-31 所示，某抖音电商运营者在发布短视频之后，主动根据短视频内容进行了自我评论，并且在评论中插入了产品的详情链接。抖音用户只需点击该链接，便可进一步了解短视频所介绍产品的相关信息。

图 4-31　根据视频内容自我评论并插入产品信息

2. 通过回复评论来引导用户

除了利用自我评论补充信息，短视频运营者在创作评论文案时，还需要做好一件事，那就是通过回复评论来消除用户的疑问，激发他们的购买欲望，从而提高产品的销量。

如图 4-32 所示，某抖音电商运营者在发布短视频之后，对评论中用户提出的一些疑问进行了回复，解除用户的后顾之忧。而疑问得到解答之后，抖音用户对该产品的购买需求自然会得到一定的提升。

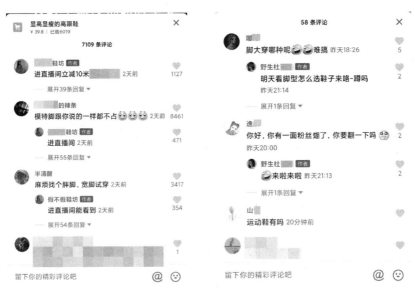

图 4-32 通过回复评论引导用户

3. 回复短视频评论的注意事项

回复短视频评论看似是一件再简单不过的事，实则不然。在进行评论时还有一些需要注意的事项。

（1）第一时间回复评论

短视频运营者应该尽可能地在第一时间回复用户的评论，这样做主要有两个方面的好处：一是快速回复用户能够让用户感觉到你对他（她）很重视，这样能增强用户对你和你的账号的好感；二是回复评论能够在一定程度上提升短视频的热度，让更多用户看到你的短视频。

那么，如何做到第一时间回复评论呢？其中一种比较有效的方法就是在短视频发布后的一段时间内，及时查看用户评论，一旦发现有新的评论，便立即回复。

（2）不要重复回复评论

对相似的问题，或者同样的问题，运营者最好不要重复回复，这主要有两个原因：一是回复的评论中或多或少会有一些营销的痕迹，如果重复回复，那么整个评论界面便会有很多广告内容，而这些内容往往会让用户产生反感情绪。

二是相似的问题、点赞相对较多的问题会排到评论的靠前位置，运营者只需在点赞较多的问题下进行回复，其他有相似问题的用户自然就能看到。这样做还能减少运营者的工作量，节省大量时间。

（3）注意规避敏感词汇

对一些敏感的问题和敏感的词汇，运营者在回复评论时一定要尽可能规避。当然，如果无法回避，也可以采取迂回战术，如不对敏感问题做出正面回答，或用意思相近的词汇，甚至用谐音代替敏感词汇。

4.2.5　文案打造禁区，切记不可触碰

我们在创作文案时，常常因为没有把握住文案编写的重点事项而以失败告终。下面就盘点一下编写文案需要注意的四大禁忌。

1. 中心不明确

有的文案喜欢兜圈子，可以用一句话表达的意思非要反复强调，这样不但降低了可读性，还可能会令受众嗤之以鼻。尽管文案是广告的一种，但它追求的是"润物细无声"，在无形中将所推广的信息传达给目标客户。若反复强调，则有硬广告之嫌，易引起受众反感。

此外，写文案的目的是做推广，因而每篇文案都应当有明确的主题和内容焦点，并围绕该主题和焦点进行文字创作。如果偏离主题和中心，乱侃一通，就会让受众一头雾水，营销力也就大打折扣了。

图4-33为某运动品牌广告文案的部分内容，笔者只是在文案的基础上去掉了品牌标识。从这个处理后的文案中，你能看得出这是哪个品牌的营销文案吗？相信绝大部分受众是看不出来的。

写广告文案的主要目的是做营销，如果在一

图4-33　某运动品牌广告文案
的部分内容

个文案中既看不到品牌，也看不到任何营销推广的意图，那么这就是一个典型的中心和主题不明确的文案。

2. 有量没有质

相对于其他营销方式来说，文案成本较低且并不会马上见效，于是有的运营者一天会发几十个纯文案的短视频。

事实上，文案营销并不是靠数量就能取胜的，更重要的还是质量。一个高质量的文案胜过十几个质量一般的文案。然而事实却是，许多运营者为了保证推送的频率，宁可发一些质量相对较差的文案。

比如，有的快手、抖音号几乎每天都会发布短视频，但原创文案很少。这种不够用心的文案推送策略所导致的后果，往往就是内容发布出来没有多少人看。

除此之外，还有部分短视频运营者仅仅将内容的推送当作一项必须完成的任务，只是想着按时完成，而不在意内容是否可以吸引到目标用户。有的运营者甚至会将完全相同的文案内容进行多次发布。这类文案的质量往往没有保障，并且点击量、评论数量等数据也会比较低，如图 4-34 所示。

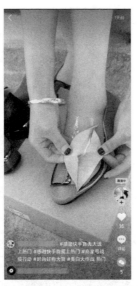

图 4-34　点击量、评论数量等数据偏低的文案

针对"求量不求质"的运营操作误区，运营者应该怎样避免呢？办法有两个。

- 加强学习，了解文案营销的流程，掌握文案撰写的基本技巧；
- 聘请专业的文案营销团队，因为他们不像广告公司和公关公司那样业务范围比较广，他们专注于文案撰写，提供的文案质量很高。

3.出现各种错误

众所周知，报纸、杂志在出版之前都要经过严格审核，以保证文章的正确性和逻辑性，尤其是涉及重大事件或国家领导人的内容，一旦出错出版方就要追回重印，损失巨大。这些问题也是短视频文案需要格外注意的。除此之外，文案常见的错误还有文字、数字、标点符号以及逻辑错误等。我们必须严格校对，防止出现这些错误。

（1）**文字错误。**文案中常见的文字错误包括错别字、错词、名称错误（如企业名称、人名、商品名称、商标名称等），以及滥用网络用语等。对于文案尤其是营销文案来说，出现错别字可能会影响推广效果，所以我们的短视频文案应避免这种错误。

图 4-35 的短视频文案中，便将"这样"写成了网络用语"酱"，"漂亮"误写成了"飘亮"，这很容易让用户觉得发布者在制作短视频文案时不够用心。

图 4-35　出现文字错误的短视频文案

（2）**数字错误**。参考国家《出版物上数字用法》有关要求，数字用法分三种：一是必须使用汉字数字；二是必须使用阿拉伯数字；三是汉字数字和阿拉伯数字都可用，但要遵守"保持局部一致"这一原则。

例如，"1年半"应为"一年半"，"半"也是数词，"一"不能改为"1"。再如，农历月日误用阿拉伯数字，"8月15中秋节"应改为"八月十五中秋节"，"大年30"应为"大年三十"，"丁丑年6月1日"应改为"丁丑年六月一日"。

此外，较为常见的还有数字丢失，如"中国人民银行2018年第一季度社会融资规模增量累计为5.58亿元"。我们知道，一个大型企业每年的信贷量可能都在几十亿元以上，难道整个国家一个季度的货币供应增量才"5.58亿元"？我们推测应该是丢失了"万"字，应为"5.58万亿元"。

（3）**标点错误**。无论哪种文案，都要尽力避免标点符号错误。在文案创作中，常见的标点错误包括以下几种。

一是引号用法错误。这是标点符号使用中错得最多的。不少文案对单位、机关、组织的名称以及产品名称、品牌名称等都用了引号。其实，只要不产生歧义，名称一般不加引号。

二是书名号用法错误。证件名称、会议名称（包括展览会）不用书名号。但有的文案把上述名称都用了书名号，这是不合规范的。

三是分号和问号用法常见错误。这也是标点符号使用中错得比较多的，主要是简单句之间用了分号，如不是并列分句，不是"非并列关系的多重复句第一层的前后两部分"，不是分行列举的各项之间都使用了分号，这是错误的。

还有的两个半句合在一起构成一个完整的句子，但中间却用了分号。有的句子已很完整，与下面的句子并无并列关系，该用句号时却用了分号。

（4）**逻辑错误**。所谓逻辑错误是指文案的主题不明确，全文逻辑关系不清晰，存在语意与观点相互矛盾的情况等。

4. 脱离市场情况

文案内容多是关于企业产品和品牌的，而这些产品和品牌是处于具体市场环境中的，其所针对的目标受众也是处于市场环境中的具有个性特色的消费者。因此，不了解具体产品、市场和消费者的文案推广必然会以失败告终。

所以，在编写和发布文案时，必须进行市场调研，了解产品情况，如此才能写出切合实际、能获得消费者认可的文案。那么，怎样做才能充分了解产品呢？具体方法如图 4-36 所示。

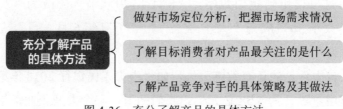

图 4-36　充分了解产品的具体方法

从消费者方面来说，短视频文案应该迎合消费者的各种需求，关注消费者的感受。营销定位大师杰克·特劳特（Jack Trout）说过："消费者的心是营销的终极战场。"那么消费者有哪些心理需求呢？

（1）**安全感**。人是趋利避害的，内心的安全感是最基本的心理需求，把产品的功用和安全感结合起来，是说服受众的有效方式。

比如，新型电饭煲在电压不正常的情况下能够自动断电，从而有效防范漏电等问题。这是关心电器安全的家庭主妇们非常在意的一点。因此，我们在文案中要突出这一点。

（2）**价值满足感**。得到别人的认可，会让人产生一种自我价值实现的满足感。将产品与实现个人价值结合起来可以打动受众。脑白金打动消费者的恰恰是迎合了他们想要孝敬父母的心理，让他们获得自我价值实现的满足感。

销售豆浆机的短视频文案可以这样描述："当孩子们吃早餐的时候，他们多么渴望不再去街头买豆浆，而是喝上刚刚榨出来的纯正豆浆啊！当妈妈将热气腾腾的豆浆端上来的时候，看着手舞足蹈的孩子，哪个妈妈会不开心呢？"这个文案会让受众认为使用了这个豆浆机，就能实现身为家长的价值，获得心理上的满足感，从而激起他们的购买欲望。

（3）**支配感**。"我的地盘我做主"，每个人都希望拥有支配权，希望掌控自己的生活。让受众的这种支配感得到满足，也是写文案时须考虑的要点。

（4）**归属感**。归属感实际就是标签，成功人士、时尚青年等都是标签。

每个标签下都有一群人，他们的生活方式都有一定特色，他们使用的商品、他们的消费习惯都表现出一定的亚文化特征。

　　因此，可以根据他们各自的标签来制定文案内容，让他们获得归属感。比如销售汽车的文案，针对追求时尚的青年，可以写："这款车时尚、动感、改装方便，是玩车一族的首选。"针对成功人士或追求成功的人士，可以写："这款车稳重、大方，开出去见客户、谈事情比较得体，也有面子。"

/ 第 / 5 / 章 /

分析爆品数据，掌握未来趋势

◁ 学前提示

在短视频运营中，运营者要想准确判断和了解运营的效果，就需要对数据进行分析。

基于这一点，本章从内容评估数据和效果评估数据两个方面来进行解读，以指导运营者更加清晰且准确地感知自己的运营和营销状态，为后续工作做好准备。

✂ 要点展示

● 直接分析数据，观察即时效果
● 间接分析数据，利用"长尾效应"

5.1 直接分析数据，观察即时效果

做好内容既是短视频运营的重心，也是用户熟悉、接受产品和品牌的重要途径。因此，运营者需要对内容进行重点关注——不仅要策划、收集、制作内容，更要对自己的运营内容进行评估，以便确定未来内容运营方向。本节主要教运营者从推荐量、播放量、平均播放进度、跳出率、播放时长等方面来进行数据分析。

5.1.1 短视频推荐量，推荐用户阅读

在短视频平台上，推荐量是一项非常重要的数据，它能在很大程度上影响短视频的播放量。当然，推荐量与内容质量紧密关联：质量好，契合平台推荐机制，当天发布的短视频推荐量就多；质量差，不符合平台推荐机制，当天发布的短视频推荐量就少。

那么，推荐量究竟是什么呢？推荐量就是平台系统给出的一项关于发布的视频会推荐给多少用户阅读的数据。这一数据并不是凭空产生的，而是系统综合诸多方面的评估给出的，而影响推荐量的主要因素有该账号在最近一段时间内发布短视频的情况、短视频内容本身的用户关注度等。

短视频账号的后台一般都可以查看推荐量数据。比如，运营者可以登录自己的头条号后台或西瓜短视频助手查看这项数据。在此，笔者以头条号后台的"西瓜视频"相关数据来介绍。

在头条号后台的"西瓜视频"页面，运营者可以在内容管理页面查看每一个短视频内容的推荐量。图5-1为西瓜视频中"手机摄影构图大全"短视频的推荐量展示。

星空摄影：贴着天空呼吸，静候星辰流转
推荐 4,461 · 播放 64 · 点赞 9 · 评论 1 · 收藏 0 · 分享 0
已发表　已投广告
2020-04-22 10:00

手机也能拍出电影大片！
推荐 58,221 · 播放 916 · 点赞 22 · 评论 1 · 收藏 1 · 分享 29
已发表　不投广告
2018-09-28 08:48

图 5-1　"手机摄影构图大全"的短视频推荐量展示

5.1.2　短视频播放量，用户观看次数

在平台的数据分析中，有多个与播放量相关的数据，即具体短视频的播放量、昨日播放量、昨日粉丝播放量、累计播放量等。其中，具体短视频的播放量，运营者可以在"内容管理"页面的推荐量旁查看，它表明有多少用户在该平台上观看了这个短视频的内容。

而其他 3 项播放量，运营者可以在头条号后台"西瓜视频"的"数据分析"页面的"昨日关键数据"区域中查看，如图 5-2 所示。

昨日关键数据 各维度数据每天中午12点更新前一日数据，本数据统计不包含号外推广产生的数据

11	0	1,830	4,829
昨日播放量 ⑦	昨日粉丝播放量 ⑦	累计播放量 ⑦	累计播放时长(分钟) ⑦

图 5-2　昨日关键数据

其中，"昨日播放量"指的是昨日有多少用户观看了这条短视频；而"昨日粉丝播放量"指的是有多少已成为自身账号粉丝的用户在昨日观看了这条短视频。就这样把每一天的"昨日播放量"相加，就成了"累计播放量"。

当然，"昨日播放量"和"昨日粉丝播放量"在平台上每天都有记录，这样就构成了"数据趋势图"中的"播放量"和"粉丝播放量"数据，如图 5-3 所示。运营者可以查看 30 天内的相关数据。

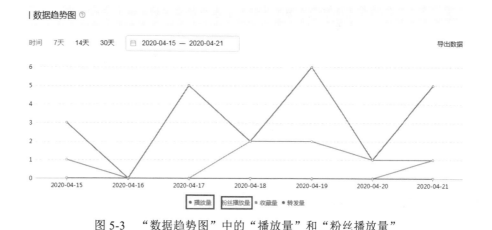

图 5-3　"数据趋势图"中的"播放量"和"粉丝播放量"

5.1.3　关注播放进度，是否符合预期

在头条号后台"西瓜视频"的"数据分析"页面，运营者可以看到该页面是由 3 个大的区域组成的，即"昨日关键数据""每日创作者视频总计数据明细表"和"每日发布视频实时统计数据明细表"。

前两项在上文中都已提及，至于第三大区域，如果运营者要查看某一短视频的平均播放进度和跳出率，可以在"每日发布视频实时统计数据明细表"中选择一个短视频，进入这条短视频的"视频分析"页面进行查看，如图 5-4 所示。

数据概览　　视频详情

视频标题　　手机也能拍出电影大片！

<< 手机也能拍出电影大片！

平均播放进度 ⑦	跳出率 ⑦	平均播放时长 ⑦
75.03%	14.71%	00:00:07

图 5-4　查看"平均播放进度"和"跳出率"

其中，"平均播放进度"指的是所有观看用户对这条短视频的平均播放完成度；"跳出率"指的是所有观看用户中，播放时长小于3秒的用户占比。在运营过程中，这两个数据的高低是会影响初始推荐量外的推荐量的。

如果短视频的播放进度占比过低、跳出率过高，就说明很多用户受标题和封面的吸引而点击播放了，但是由于短视频内容与其预期不符甚至相差较大而感到失望，从而放弃继续观看。这样的话，这条短视频很容易被认定是标题党，违背平台规则，平台会基于这一结果而减少推荐量。

5.1.4　关注播放时长，把握内容节奏

关于播放时长，图5-2和图5-3中都有与之相关的数据，分别是"累计播放时长""播放量"以及"粉丝播放量"。

其中，前两项是针对在平台发布的所有短视频来统计的，表示在该平台上用户一共花费了多少时间来观看该账号发布的所有短视频，每一天花费了多长时间来观看该账号发布的所有短视频。而这两个数据，又是建立在具体的短视频内容基础之上的。由此可以看出，只要运营者每天坚持发布一些优质的短视频内容，何愁播放时长不长呢？

具体短视频的"播放时长"与"平均播放时长"，是运营者需要重点分析的，它们是运营者找到用户观看短视频的痛点的必备数据。并且，这两个数据是有关系的，即平均播放时长＝播放时长／播放量。

"平均播放时长"，顾名思义，即所有观看用户观看该短视频的平均时长。运营者把"平均播放时长"和上面一小节中的"平均播放进度"放在一起进行分析，有助于了解视频内容的吸引力，尤其有助于把握内容节奏，具体做法如下：

● 了解用户一般会在什么时间离开，离开前播放的大概是些什么内容。
● 了解视频内容中该时间附近有哪些内容是让用户离开的关键。

5.2 间接分析数据，利用"长尾效应"

"长尾效应"（Long Tail Effect），指的是在数据正态曲线分布图中，大多数需求集中在其头部，而个性化需求则体现在其尾部。当短视频运营者在分析数据的时候，可以适当利用长尾效应，平衡用户的大多数需求和个性化需求。

5.2.1 收藏量转发量，体现内容价值

在头条号后台"西瓜视频"的"数据分析"页面，"每日创作者视频总计数据明细表"和"每日发布视频实时统计数据明细表"中，除了"播放量"和"播放时长（分钟）"，两者共有的数据还有"收藏量"和"转发量"。

可见，在对短视频内容进行评估时，"收藏量"和"转发量"都是关键数据，它们都是用来衡量短视频内容价值的。

1. 收藏量

收藏量，表明有多少用户是在观看了短视频之后，将短视频内容收藏以备后续观看的。这一数据代表了用户对短视频价值的肯定。

试问，如果用户觉得短视频内容没有价值，那他（她）还会耗费终端有限的内存来收藏一个毫无价值和意义的短视频吗？答案当然是否定的。可见，只有当短视频内容对于用户来说有价值时，他们才会选择收藏。

对于运营者来说，如果要提高收藏量，首先就要提升短视频内容的推荐量和播放量，并确保短视频内容有实用价值。短视频只有获得很高的推荐量和播放量，才能在大的用户基数上实现收藏量的大幅提升；只有视频内容有

实用价值，如能提升用户自身技能、能应用于生活的某一方面等，才能让用户愿意收藏。

2. 转发量

与收藏量一样，转发量也是可以用来衡量短视频内容价值的。它表明有多少用户在观看了短视频之后，觉得它值得分享给别人。一般来说，用户把观看过的短视频转发给别人，主要基于两种心理，具体分析如图 5-5 所示。

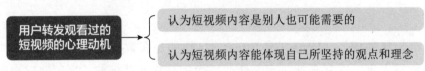

图 5-5 用户转发观看过的短视频的心理动机

虽然都可以用来衡量短视频的内容价值，但转发量与收藏量还是存在差异的，前者更多的是基于内容价值的普适性而产生转发行为。从这一点出发，运营者要提高短视频转发量，就应该从以下 3 个方面着手打造短视频内容，以提升内容价值，如图 5-6 所示。

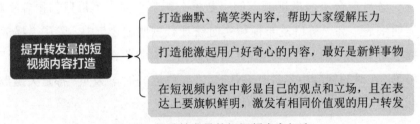

图 5-6 提升转发量的短视频内容打造

5.2.2 短视频点赞量，视频认可程度

在抖音平台上，点赞数可以说是评估短视频内容最重要的数据。对于用户来说，只要内容中存在他（她）认可的点，他（她）就会点赞，如用户会因为短视频中所包含的正能量而点赞，也会因为其中所表露出来的某种情怀而点赞，还会因为视频运营者某方面出色的技能而点赞，更有可能是因为短视频中漂亮的小哥哥或小姐姐而点赞……

在抖音平台，运营者可以查看的点赞数有两个，即抖音号的点赞数和具体短视频的点赞数。关于抖音号的点赞数，运营者可以在自己的抖音号主页查看，如图 5-7 所示。而具体短视频的点赞数，会显示在短视频的播放页面，如图 5-8 所示。

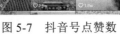

图 5-7　抖音号点赞数　　图 5-8　具体短视频的点赞数

　　不同的短视频账号、不同的内容，其账号和短视频的点赞数差别很大，多的可以达数百万、数千万，少的甚至有可能为 0。短视频的点赞数当然越多越好，但是在评估抖音号运营内容时，还需要把总的点赞数和具体内容的点赞数结合起来衡量。

　　其原因就在于，某一抖音号的点赞数可能完全是由某一个或两个短视频撑起来的，其他短视频内容则表现平平。此时运营者就需要仔细分析点赞数高的那些短视频内容到底有哪些方面是值得借鉴的，并根据所获得的经验一步步学习、完善，力求持续打造优质短视频内容，提升自己的抖音号运营内容的整体价值。

5.2.3　短视频互动量，用户评论次数

　　在头条号后台"西瓜视频"的"视频数据"页面，"每日发布视频实时统计数据明细表"中的"评论数"就相当于"互动量"，这一数据可以从用

户的评论明细中看出。除了"互动量"，在具体短视频的"视频分析"页面上的"视频详情"柱形图中还会显示"收藏量"，运营者把鼠标指针移至"收藏量"区域上方，会看到具体数据显示，如图 5-9 所示。

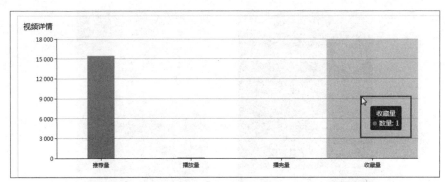

图 5-9　"视频分析"页面的"视频详情"柱形图的"收藏量"显示

只有用户觉得短视频有价值，他（她）才会收藏，但是用户对短视频进行评论，并不完全是为了称赞，也有可能是为了批评和吐槽。因此，如果运营者想了解更多的互动信息，可以查看短视频的具体评论，以便对内容进行更详细地评估。

基于此，运营者可以在"西瓜视频"模块下的"评论管理"页面查看"最新评论"和"视频评论"。其中，"最新评论"显示的是最近的评论，而"视频评论"可以显示所有发表的短视频内容的相关评论。

因此，运营者可以在"视频评论"页面选择具体的短视频，然后查看其评论内容。例如图 5-10 就是"手机摄影构图大全"头条号发表的一则短视频的评论内容。

图 5-10　"手机摄影构图大全"头条号发表的一则短视频的评论内容

5.2.4 关注评论词云，了解用户印象

部分短视频数据平台会根据用户对账号内容的评论形成评论词云。运营者可以通过评论词云了解用户对账号的印象，弄清用户关注的是哪些内容。通常来说，评论词云主要有两种，即账号词云和内容词云。下面，笔者就进行具体讲解。

1. 账号词云

账号词云就是综合用户对账号所有内容形成的评论词云。以快手账号为例，运营者可以通过如下步骤查看账号词云。

步骤 1 进入飞瓜数据官网的默认页面，单击页面中的"快手版"按钮，如图5-11所示。

图 5-11 单击"快手版"按钮

步骤 2 执行操作后，进入飞瓜数据快手版页面，单击页面中的"免费使用"按钮，如图 5-12 所示。

图 5-12 单击"免费使用"按钮

步骤 3 执行操作后，进入飞瓜数据快手版数据分析后台的"工作台"页面，
❶在页面的搜索框中输入账号关键词；❷选择弹出的对话框中的对应快手账
号（即图中的播主账号），如图 5-13 所示。

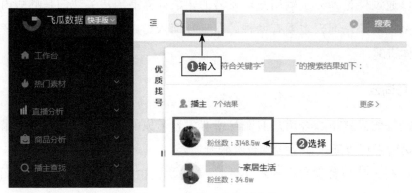

图 5-13　选择对应快手账号

步骤 4 执行操作后，进入对应快手账号数据分析页面的"数据概览"选项卡，
如图 5-14 所示。

图 5-14　"数据概览"选项卡

步骤 5 滚动鼠标滚轮，即可在"数据概览"页面的最下方看到"直播弹幕词云"
和"视频词云"板块，如图 5-15 所示。这两个板块中会分别展示用户观看直
播的弹幕关键词和视频评论关键词。具体来说，某个关键词在弹幕或评论中
出现的次数越多，该关键词在词云中显示的字号就越大。因此，运营者只要
看一眼词云，就能立马明白用户关注的是哪些内容。

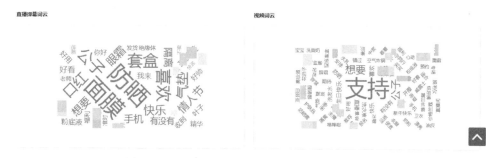

图 5-15　"直播弹幕词云"和"视频词云"板块

2. 内容词云

除了账号词云，运营者还可以单独对具体内容进行分析，了解该内容的词云。以快手账号为例，运营者可以通过如下操作，查看某条短视频的评论词云。

步骤 1 进入飞瓜数据快手版数据分析后台中对应快手账号的数据分析页面，❶切换至"视频数据"选项卡；❷单击"视频列表"板块中对应短视频右侧的图标，如图 5-16 所示。

图 5-16　单击视频列表右侧的 ▤ 图标

步骤 2 执行操作后，会弹出对应短视频的数据详情对话框，切换至"评论分析"选项卡，即可查看该短视频的"评论热词 Top10"和"评论词云"，如图 5-17 所示。运营者将鼠标光标放置在"评论热词 Top10"中的条形图上，还可查看对应评论热词的出现次数的占比。

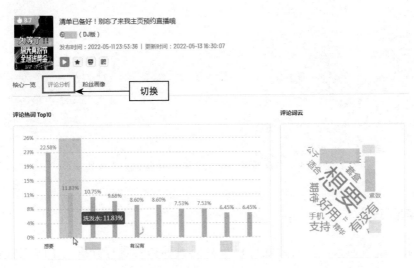

图 5-17　查看该短视频的"评论热词 Top10"和"评论词云"

5.2.5　播放完成进度，占比越高越好

　　"播放完成度"与"平均播放进度"联系紧密，前面已经说过，"平均播放进度"就是所有观看的用户对该视频的平均播放完成度，它是各个区间的播放完成度的平均值。在头条号后台打开某个短视频的"视频分析"页面，可看到某一视频各区间的完成度占比饼图。

　　图 5-18 所示为"手机摄影构图大全"头条号发表的一则短视频的播放完成度分析饼图。把鼠标指针移至某一色块上，就会显示该色块所代表的完成度区间的用户数和占比。

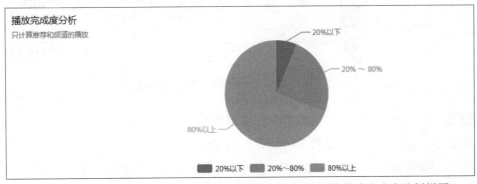

图 5-18　"手机摄影构图大全"头条号发表的一则短视频的播放完成度分析饼图

　　在播放完成度分析饼图中，完成度高的区间的色块面积大，在整个饼图中占比高，就表示该视频内容符合用户预期，是值得一看的。

　　就如图 5-18 所示的视频内容的播放完成度而言，完成度达 80% 以上的用户最多，完成度在 20% 以下的用户最少，表示受标题和封面图片吸引而点击播放该视频的用户，其中的大多数都在观看了视频内容或者直到视频接近末尾时才选择退出。

分析用户数据，进行精准营销

📣 **学前提示**

　　面对短视频营销推广的风口，运营者要在竞争中获得胜利，就必须掌握自己的受众群体的相关数据，并对数据进行精准分析，从而为实现引流做准备。

　　受众群体的相关数据包括用户的性别、年龄、地区、职业、消费习惯等方面，运营者需要对这些方面进行全面了解，以打好营销基础。

✂ **要点展示**

- 深度分析粉丝，重新找准定位
- 分析更深一层，推出精准营销

6.1 深度分析粉丝，重新找准定位

随着互联网的发展，各种短视频平台层出不穷，比如现在正火的抖音、快手、美拍、秒拍、微信视频号等。这些短视频 App 的出现，降低了制作短视频的门槛：不管你是谁，只要你有网络，有手机，就可以随时随地拍摄并制作短视频，随时随地上传到互联网。短视频风口的到来，带动了人们参与其中的热情。各大短视频平台的实时互动模式也给用户带来了全新的体验。

很多人想利用短视频来获取收益，那么，该怎么做才能达到赚钱的目的呢？本书笔者就拿抖音短视频账号来举例说明。

6.1.1 快速增粉引流，六大基本技巧

在短视频平台上要利用短视频获得收益，前提是你的 IP 必须要有流量，因为有流量才有机会变现。流量又是怎么来的呢？这里就不得不提到庞大的粉丝群体了。在各大互联网平台，粉丝即流量，流量即收益，所以想要在抖音平台上获取收益，首先必须有足够多的粉丝。那么，用什么方法可以让自己的 IP 快速增粉呢？

1. 上热门推荐引流

抖音平台上快速增粉的方法有很多，首先就是要让更多的人看到你发布的短视频，这就需要获得抖音平台的推荐，如图 6-1 所示。有了抖音平台的推荐，你的短视频才有更大机会上热门，而只有上了热门，才可以被更多的用户看到。那么，该怎么做才能让抖音平台帮你上热门呢？

图6-1　抖音平台推荐界面

　　这个就得从短视频的内容入手了。抖音作为一个流行的短视频社交平台，有庞大的用户基础，用户们每天更新的短视频也非常多。要获得抖音平台的流量分发，你的短视频内容必须优质，优质的内容是获得平台推荐的前提。

　　经常听身边的朋友说，抖音有"毒"，一刷就是几个小时，根本停不下来。能让用户刷这么长时间，肯定是因为短视频优质的内容吸引了用户。因此，上了抖音推荐的短视频肯定是拥有优质内容的短视频。

　　那么，怎样的短视频内容才算是优质的呢？优质的视频内容必须具备以下几点中的至少一点：一是满足用户的好奇心，因为有了好奇心的驱使，用户才会去看；二是共鸣感，当用户跟你的短视频内容产生情感共鸣时，用户便会去看你的短视频；三是新鲜感，当人们对一个事物感到新鲜的时候，往往就想去了解它，所以新鲜感就是驱使用户去观看的动力。

　　总的来说，只要你换位思考，想一想当你是观看者的时候，你想看什么，就可以知道什么才是其他用户想要看到的，这就是运营者创作出优质内容的思考方向。

　　当你确定了自己的短视频要做优质的内容之后，接下来就要选取主题了。

　　传统的内容分发机制是，当一个用户最近关注一个主题后，平台推荐给该用户的都会是符合这个主题的内容。比如，一个用户最近比较关注美食类短视频，那么，平台就会给这个用户推荐大量的美食类短视频内容。

而抖音平台不一样，它采用主题类型匹配的模式策略，它对主题分配得比较均匀，不会像传统分发机制那样一味按照用户的喜好来分发内容。

图6-2为一位抖音用户的内容推荐界面截图，其关注的都是宠物博主，但抖音平台也给她推荐了汽车主题的视频。

图6-2　某抖音用户的推荐页面截图

抖音为什么要采用这个模式呢？按照用户的意愿来推荐内容不是更容易获得用户的喜爱吗？其实不是的，比如一个用户一直看自己喜爱的美食主题，看得久了，就会腻。如果用户在看美食主题短视频的同时，还能看到旅游、搞笑等主题的短视频，那么他们不仅会保持对美食主题的喜爱，还可能会发现其他类型的主题也很有趣，这样就会一直对平台推荐的内容保持新鲜感。

目前有很多平台仍在采用传统的内容分发机制，而抖音平台则是不断对推荐的内容进行调配分发，以保证不同类型主题合理的推荐比例。所以，抖音账号的运营者在选择短视频主题的时候一定要注意类型的丰富，这样才可能获得抖音平台的推荐优势。

2. 保持更新以引流

当你发布了短视频后，一定要保持更新，尽量保持高活跃度，既使在你没有发布视频的时候，也可以在其他人的热门短视频下发表评论，这样不仅可以让更多的人知道你的存在，也会给你带去一定的流量。如果你不能保持高活跃度，一方面很难保持账号的权重，另一方面也非常容易掉粉。

图 6-3 是一位加 V 认证了的网络红人的情况，他的粉丝数为 3000 多万，获赞数达 4.8 亿，但他还是会在抖音推荐的热门视频中发表评论引流。

图 6-3　保持高活跃度的账号

3. 抖音互动引流

接下来讲的是抖音互动引流。抖音是以用户发布的内容为原始素材展开的全民参与内容交流互动的平台。

所以，如果你想利用抖音平台增粉，就一定要多参加抖音平台的各种话题互动评论，也可以在自己发布的短视频下回复评论，这样才可以累积更多的粉丝，提高和粉丝的亲密度，如图 6-4 所示。

图 6-4　回复评论以增粉

比如，你可以参加抖音的话题活动，以此来提升用户对你的关注度。参加抖音的话题活动可以提升短视频的曝光度，短视频的曝光度提高了，只要正确引导用户，你的账号的关注度自然而然就提高了。因此，运营者在参加话题活动的时候可以选取一些比较能引起用户共鸣的话题，比如笔者在抖音多次刷到的新疆舞、鬼步舞等，如图 6-5 所示。

图 6-5　抖音上的新疆舞、鬼步舞

4.加V认证引流

运营者除了参加抖音平台的话题活动，还可以通过平台认证给自己的账号加V，增强身份属性，以此来获取其他用户的认可，从而达到增粉引流的目的。这是一个非常快速且有效的增粉方式。

账号认证加V之后，会得到抖音平台在流量分配上面给予的倾斜，发布的短视频内容也会获得优先推荐权，可以增加上热门的概率。同时，其他用户看到明显的认证标识后也会增加对该认证账号的信任度，从而更有可能成为其粉丝。

单就抖音的搜索界面来说，加V认证的账号曝光度明显比没有认证的曝光度要高。在搜索的时候，你会发现，同样的关键词，加V认证的都是排在前面的。且从好友列表来说，加了"V"这个独特标识的，一眼就可以被看到，它可以提高该账号的辨识度，如图6-6所示。

图6-6　加V认证提高曝光度

另外，加V认证的账号更容易获得广告主的青睐和认可，从而获得一定的经济收益。特别是拥有很多粉丝的账号，认证之后可以更加快速地涨粉和实现商业变现。

5. IP互推引流

再一个就是可以利用互粉互推模式来实现引流增粉，不管是普通账号还是加 V 认证了的账号，互粉互推的模式都是非常实用的。刚开始做的时候，运营者可以利用 QQ 群和微信群等一些社交平台的互粉群引流增粉，当粉丝积累到一定数量之后，再找与你同类别或者同量级的账号进行互推。普通账号和大 V 账号推广的策略是一样的，唯一的区别是量级不同。

如图 6-7 所示，这两个同类型的 IP 分别叫"仙女酵母"和"yuko 和魔镜"。"仙女酵母"在短视频的详情介绍中 @ 了"yuko 和魔镜"。同样，"yuko和魔镜"也在另一个短视频中 @ 了"仙女酵母"，这就是典型的同类别 IP互推的案例。

图 6-7 抖音同类别 IP 互推

互粉互推这种引流增粉模式笔者曾在微博验证过，实践证明这是非常有效且快速的推广方式之一，同样的方法也适用于抖音平台。

6. 跨平台引流

最后就是利用各大社交平台进行宣传，为自己的 IP 引流。如果你之前有过运营其他社交平台账号的经验，那么，去其他社交平台打广告就是一件很容易的事情。

比如，你之前做过微博账号，那么在微博平台上你肯定有一定的粉丝量和用户资源累积，从微博上就可以直接将用户粉丝导流到抖音平台，这也是一种快速增粉引流的技巧。

图 6-8 所示为"密子君"的 IP 截图画面，她最初是在微博平台吸粉，后来跨到抖音平台，粉丝数量已有 1000 多万。其中绝对有同时关注她两个平台账号的粉丝，而且还不少，这就是将微博粉丝导流到抖音平台的典型案例。

图 6-8　跨平台导流

运营者可以将这些增粉引流的方法运用到实际的账号运营中，引流成功之后就可以利用短视频内容轻轻松松变现了。

6.1.2　关注粉丝性别，分析男女比例

不同平台受众群体的性别占比存在一定差异，比如抖音的受众群体中，女性占比更高。同在抖音平台，不同行业、不同内容的用户性别占比也不一样。而运营者要做的是，确定自身要使用的短视频平台和要运营的账号的目

标用户群体的性别占比。图 6-9 中是拥有千万粉丝的"李佳琦 Austin"和"柚子 cici 酱"抖音号的用户性别分布图。

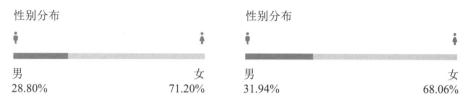

图 6-9　"李佳琦 Austin"（左）和"柚子 cici 酱"（右）抖音号用户性别分布图

由图 6-9 可知，"李佳琦 Austin"和"柚子 cici 酱"这两个与美妆相关的抖音号的用户性别分布中，女性用户占比远远高于男性用户占比。可见，不仅抖音短视频 App 的用户以女性为主，该平台上的美妆类账号用户也以女性为主。

基于此，运营者可能要根据抖音短视频 App 的用户性别分布情况，制定不同于微信公众号、头条号等平台的内容运营策略，增加更多适合女性用户的内容。

6.1.3　关注粉丝年龄，分析年龄分布

图 6-10 中是"李佳琦 Austin"和"柚子 cici 酱"抖音号的用户年龄分布图。

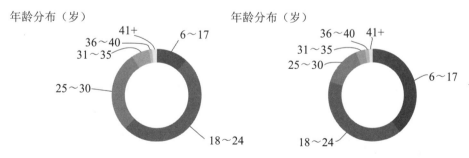

图 6-10　"李佳琦 Austin"（左）和"柚子 cici 酱"（右）抖音号用户年龄分布图

由图 6-10 可知，"李佳琦 Austin"和"柚子 cici 酱"两个与美妆相关的抖音号，用户年龄大多在 30 岁以下，偏向年轻群体。

可见，这两个抖音号的用户年龄属性是与抖音短视频 App 的用户年龄属

性大体相符的，由此可知它们的短视频内容是符合平台整体用户定位的。因而，这些抖音号获得了大量用户关注也就不足为奇了。

从这一角度来看，运营者可以根据自身情况，在用户观看这些抖音号内容的情况下安排后续的短视频内容，着力打造符合用户偏好和能满足用户需求的内容。

6.1.4　关注粉丝地域，分析主要分布区

图 6-11、图 6-12 分别是"李佳琦 Austin"和"柚子 cici 酱"抖音号的用户地域分布图。在图中，有"省份"和"城市"两类地域的用户分布数据，运营者可以一一查看。

由图 6-11 和图 6-12 可知，"李佳琦 Austin"和"柚子 cici 酱"两个与美妆相关的抖音号的用户地域分布中，"省份"分布图显示占比最大的都是广东省，分别为 11.36% 和 13.49%，远高于其他省份；"城市"分布图显示占比排名前十的是经济发达的城市，特别是"北、上、广、深"和成都、重庆六大城市。

名称	占比		名称	占比
广东	11.36%		北京	5.47%
江苏	8.06%		上海	5.25%
浙江	6.43%		广州	4.61%
山东	6.04%		成都	4.46%
河南	5.53%		重庆	4.08%
四川	5.40%		深圳	4.00%
安徽	4.05%		杭州	2.96%
湖南	4.02%		武汉	2.83%
河北	3.88%		西安	2.72%
辽宁	3.68%		苏州	2.58%

图 6-11　"李佳琦 Austin"抖音号用户地域分布

地域分布	省份 | 城市	地域分布	省份 | 城市
名称	占比	名称	占比
广东	13.49%	重庆	5.68%
四川	7.04%	成都	4.91%
江苏	6.03%	北京	4.79%
浙江	5.87%	广州	4.51%
山东	5.60%	深圳	4.30%
河南	5.24%	上海	3.77%
湖南	4.64%	武汉	2.43%
湖北	4.10%	西安	2.37%
福建	3.77%	长沙	2.01%
广西	3.70%	杭州	1.99%

图 6-12　"柚子 cici 酱"抖音号用户地域分布

因此，运营者可以基于这些省份和城市的用户属性及工作、生活情况，进行相关资料的搜集和整理，还可以利用抖音号的"同城"功能进行城市的切换，观看这些地方比较火的短视频内容，最后进行归纳总结，安排一些目标用户可能感兴趣的内容，相信这样可以吸引更多的用户观看。

6.1.5　关注粉丝职业，分析职业属性

上文基于两个抖音号的一些数据对用户属性进行了分析。除了这些，运营者还应该了解更多的用户数据和属性。下面就从抖音用户的职业出发来进行介绍。

有些用户追求个性和自我，且容易跟风，追求流行时尚。因此，这类用户对能更加展现自我之美的一面和如何改造自己有着莫大的需求。从这一基于用户属性的特征和需求出发，在平台上发布符合他们需求的优质短视频内容，必然是受欢迎的。

图 6-13 为"跟我学穿搭"抖音号的部分短视频内容展示。由图中可以看出，该抖音号中随便一个短视频的点赞量都有好几千，有的甚至高达几十万。像这样没有蹭热点且以干货为主的抖音号，单单以它的内容吸引人——教人如何才能更美，可见是非常成功的。这也说明了穿搭类的内容是容易吸引人的。

图 6-13 "跟我学穿搭"抖音号部分短视频内容展示

6.1.6 粉丝星座数据，可做运营参考

图 6-14、图 6-15 分别是"李佳琦 Austin"和"柚子 cici 酱"抖音号的用户星座分布图。

星座分布

♑摩羯座	12.10%
♎天秤座	9.24%
♏天蝎座	8.90%
♐射手座	8.62%
♌狮子座	8.26%
♍处女座	8.13%
♒水瓶座	7.96%
♊双子座	7.80%
♓双鱼座	7.80%
♋巨蟹座	7.38%
♉金牛座	7.02%
♈白羊座	6.78%

图 6-14 "李佳琦 Austin"抖音用户星座分布

星座分布

♑摩羯座	12.55%
♎天秤座	9.53%
♏天蝎座	8.97%
♐射手座	8.48%
♌狮子座	8.26%
♍处女座	8.10%
♒水瓶座	8.02%
♊双子座	7.88%
♓双鱼座	7.22%
♋巨蟹座	7.21%
♉金牛座	7.13%
♈白羊座	6.63%

图 6-15 "柚子 cici 酱"抖音用户星座分布

这两个与美妆相关的抖音号的用户星座分布中，占比最大的都是摩羯座，两个账号的摩羯座用户占比都在 12% 以上。另外，天秤座的占比也超过了 9%。

运营者可以基于这些占比较大的用户群体，推荐一些与他们的星座相关的短视频内容，或者基于占比较大的用户的共性特征推荐相关内容，这样能更顺利地进行短视频运营推广。

6.1.7 用户消费能力，影响账号变现

易观智库提供的数据显示，在消费能力方面，抖音用户中更多的是中等消费者，其次是中高消费者，如图 6-16 所示。

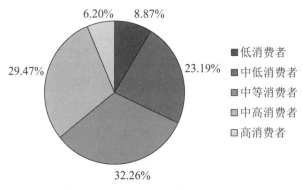

图 6-16 抖音用户消费能力占比

从图中可知，无论是中等消费者还是中高消费者，都有一定的消费能力，对口袋里的钱看得没有那么紧，且容易冲动消费，因而是易达成交易的消费者群体。

6.2 分析更深一层，推出精准营销

短视频运营者除了分析粉丝年龄、性别等因素，还可以从视频访问量、粉丝喜好程度等角度进行更进一步的分析。

6.2.1 提高短视频访问量，助力品牌推广

现在是全民都在玩短视频的时代，不管是使用者还是短视频内容发布者，都在积极地参与其中。玩短视频的人一般可以分为两种：一种是单纯带着娱乐性质玩，另一种是想利用短视频内容获得收益。

下面就以抖音账号的运营为例，教你如何利用访问量为短视频助力，让其他用户更加了解你的产品品牌，以达到商业变现的目的。

这里的访问量在抖音平台指的是用户点击量和短视频播放量。有些运营者将精心编辑了好久的短视频发布到平台上，过几个小时再去看，发现只有少之又少的人浏览，这是为什么呢？

很多人都想不明白，同样是发布短视频，为什么别人的短视频老是上推荐、上热门，而自己的连几个赞都没有。

这个现象是现在很多平台奉行的一个原则造成的，那就是"强者越强，弱者越弱"。因为那些"网红"有庞大的粉丝群体，一旦他们有新作品发布，粉丝就会争着抢着去观看、评论、点赞、转发，这就是强者越强的表现，因为他们有强大的粉丝基础。

这些粉丝就是他们最基础的访问量的保障，只要播放量达到了抖音平台的指标要求，平台就会将其短视频推荐上热门。

要想上热门，你的短视频内容必须足够优质才行。如图 6-17 所示，同样是美食，为什么第一个可以上推荐、上热门，而第二个就只能在角落默默无闻呢？其主要原因就是第一个不管是对画面颜色、节奏的把握，还是对背景音乐的选择，都比第二个要好，所以第一个上热门是很正常的。

相反，如果你的 IP 账号粉丝都没几个，发布出去的视频没人看，又怎么能产生足够多的访问量呢？但是，那些拥有庞大粉丝群体的"网红"跟普通用户有个共同点，那就是"网红"也是从拥有 0 个粉丝变成后来拥有几百万甚至上千万粉丝的，从普通用户变成"网红"只是需要一个过渡期而已。

而要度过这个过渡期，还是要解决如何提高访问量的问题。一个新人究竟怎么做才可以做到发短视频有人看呢？这需要运气和技巧相结合。除了必须有高质量的短视频内容，还要在发布短视频之后，适当地做一些数据操控，这样就会有很大的机会上推荐、上热门。

图 6-17　上推荐与未上推荐短视频

　　在这之前，你需要知道抖音平台的推荐机制是什么。如果你发布到抖音平台的短视频是符合平台规定的，且是原创的，那么，抖音平台一开始会将你的短视频推荐给 300 个正在使用抖音的在线用户，但是你发布的这个短视频能不能火起来，就要看你的短视频内容和那 300 个在线用户的匹配度高不高了。

　　如图 6-18 所示，用户在推荐中刷着高分短视频的时候，中间就会出现那种点赞和评论都比较少的短视频。当你刷到这种短视频的时候，说明你就是那 300 个初始用户中的一个。只要这个短视频的内容可以打动你，它就有可能被你点赞、评论和转发，从而达到推广的效果。

图 6-18　推荐的高分短视频和新短视频

如果你想让这个短视频火的概率变得更大，还需要注意以下几点。

第一点，在合法合规的情况下，在你的短视频内容中加上你的创意。

图6-19中是火过一阵子的"吵架舞"。第一张图里的女性相对漂亮一些，但没有火起来。第二张图里的阿姨用了更为夸张的表现方法拍摄了这个短视频，结果点赞数高达七八十万，这就是加创意和不加创意的结果。加创意指的是为短视频加上才艺、技能、情感、戏剧冲突等。

图6-19 抖音"吵架舞"

如果你发布的短视频中有颜值比较高的小哥哥小姐姐，再加上一些创意内容，短视频火的概率会更大。

如图6-20所示，一位戴上口罩的"神仙姐姐"先是在短视频里展现各种美，摘下口罩后画风突转，"神仙姐姐"半张脸被特效做成了歪瓜裂枣的模样。这种颜值加上了反转创意的做法，使这条短视频的点赞数达到18万多。

如果短视频中的主角只是个长相普通的人，就需要多花点心思在内容方面了，比如在短视频中尽量多加点让观看者意想不到的剧情。在剧情的加持下，短视频火的概率也会非常大。如图6-21所示，这位小姐姐追赶老鼠逗大家开心，也收获了非常高的点赞量。

最后一点就是多看一下抖音平台每天推荐的以及上了热门的短视频，看看它们的内容都是什么，这样就可以紧追热点。抖音平台每天都会有一个或几个热点出现，比如有一阵很火的甩臀舞、海草舞等。

图 6-20　颜值加反转创意

图 6-21　小姐姐追赶老鼠

有很多没有粉丝基础的用户直接翻拍热点短视频，获得的点赞数也是上万甚至几十万，在获得那么多点赞的同时，做短视频的素人也收获了很多粉丝。除了大众模仿，你还可以将这些热点内容进行改编，或许可以获得意想不到的效果。

等这个过渡期过去了，你只要持续按照有效的方法去运营自己的 IP 账号，也可以成为下一个"网红"。当你成为"网红"之后，后续的访问量就可以在粉丝的支持下大大提高，上热门也就是轻轻松松的事情。而后，有了访问量为你的短视频助力，你就可以向你的粉丝群体推广自己的品牌和产品了。

这个时候打广告就是一件很简单的事情了，你只需要用适当的方法去转化粉丝，将粉丝变成购买力，就可以实现平台与电商的结合，变现也就很容易了。

6.2.2　让用户全面了解品牌，提高品牌熟悉度

品牌熟悉度指的是消费者对某些品牌的认识、了解的程度。品牌方一般会采用线上线下问卷调查的方式，邀请消费者或者用户填写问卷，再对答卷进行分析，从分析结果中掌握消费者对该品牌的熟悉程度。

调查品牌熟悉度，可以让企业知道其品牌对消费者的覆盖范围到底有多广。一个品牌的熟悉度高则表示消费者不仅知道这个品牌的存在，还对其有很深的了解。消费者对品牌的熟悉度越高，越说明这个品牌不仅知名度广，而且用户认同度相对也比较高。如果品牌熟悉度比较低，就说明用户对这个品牌不够了解。一个人对某个东西不了解，一般不会产生购买意愿。

品牌熟悉度可以分为以下 5 种情况，如图 6-22 所示。

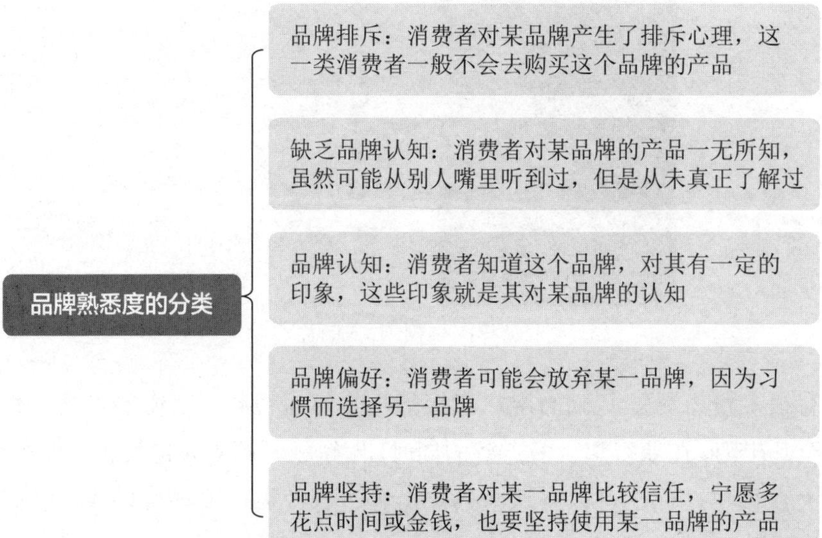

品牌熟悉度的分类

品牌排斥：消费者对某品牌产生了排斥心理，这一类消费者一般不会去购买这个品牌的产品

缺乏品牌认知：消费者对某品牌的产品一无所知，虽然可能从别人嘴里听到过，但是从未真正了解过

品牌认知：消费者知道这个品牌，对其有一定的印象，这些印象就是其对某品牌的认知

品牌偏好：消费者可能会放弃某一品牌，因为习惯而选择另一品牌

品牌坚持：消费者对某一品牌比较信任，宁愿多花点时间或金钱，也要坚持使用某一品牌的产品

图 6-22　品牌熟悉度的分类

那么，如何让用户全面地了解品牌，提高对品牌的熟悉程度呢？下面就以抖音平台上某个护肤品品牌账号为例，来讲讲如何利用这个拥有庞大用户基数的平台提高用户对品牌的熟悉度。

图6-23中为某护肤品品牌的官方抖音号。该品牌创立于1999年，品牌定位是"专注于东方的养肤之道"。从品牌定位就可以看出，这个品牌主要做的是适合东方人的护肤品，其中包括保湿、美白、防晒、紧致和彩妆这些类别。

图6-23　某护肤品品牌在抖音的官方账号

图6-23的第一张图显示，该品牌的官方账号粉丝数量在抖音平台只有5.2万，比大多数同类别护肤类品牌的粉丝量要低，点赞数一共也只有25.6万。

再看一下图6-24中该品牌发布的部分短视频截图。该品牌官方账号发布的作品一共有160个，基本每个短视频的点赞数都是几千个，少的甚至只有几十个，最高的也只有两万左右。问题出在哪里呢？

该品牌发布的作品内容大多是明星代言其产品的广告，也就是所谓的硬广告。就算不是明星代言的短视频，内容也都是很平淡的，没有什么创意和戏剧冲突，这说明运营者没有把抖音这个平台的功能充分利用起来，这就导致该品牌的官方账号一直处在不温不火的状态中。

图 6-24　运营者发布的部分视频截图

那么，该品牌官方账号应该怎么充分利用抖音这个平台提高用户的品牌熟悉度呢？除了要为品牌注册一个官方账号，获得抖音认证以提高用户对这个账号的信任度，运营者还应该利用抖音的话题功能，多用官方账号发布话题挑战。可以设置一定的奖励制度，或者自己去挑战抖音用户发起的话题，增粉引流。多发官方动态，提高活跃度；多跟评论区的用户互动，提升品牌和用户之间的亲密度。这些方法都可以让更多的用户更加了解和熟悉该品牌。

6.2.3　做好三点，提升品牌喜爱度

品牌喜爱度指的是消费者对某一品牌的喜爱程度。消费者如果对某一品牌很喜爱，就可能成为该品牌的忠实用户。有的消费者对某品牌太过喜爱，可能会在该品牌每次出新品时都去购买，而且还会向身边的朋友推荐。

相反，如果消费者对这个品牌的喜爱度为 0，甚至到了厌恶的程度，那肯定不会去购买这个品牌的任何产品。

品牌是企业财富的创造者，一个企业只有拥有对自己品牌忠诚的客户群体，才可以在销售成本比较低的情况下获得较高的销售量。另外，忠诚的客户还可以保证该企业拥有稳定和强劲的现金流。

一个企业要靠什么维护客户对品牌的喜爱度呢？这里就要讲到企业很看

重的一点了，就是上述的客户忠诚度。忠诚客户对企业品牌的喜爱度是极高的。

如果要从客户忠诚度着手来提高客户对品牌的喜爱度，那么如何才可以提高客户对品牌的忠诚度呢？忠诚度也是建立在客户对品牌的信任基础上的。现在市面上关于品牌负面事件的新闻层出不穷。比如，某个品牌的牛奶买回来是变质的，买了不久的空调不制冷却大量耗电，刚买的手机没用多久就自动黑屏、死机，用了一次护肤品就造成全脸起红斑等，这些事件会导致客户对相应的品牌产生信任危机。

如果一个品牌真的遭遇了信任危机，只需要积极解决就行了，怕的是不解决，拖着，这就会造成局面越来越恶化，客户对该品牌的信任度降得更低。信任度低了，客户的忠诚度也就没有了，客户自然就不会去喜欢这个品牌，更不会去购买这个品牌的任何产品。

那么，企业究竟该怎么做呢？只有让客户对品牌的信任度和忠诚度都提高，才可以让客户对品牌的喜爱度提高。

关于企业怎么提高客户的信任度，笔者总结了以下3点。

第一点，解决生产商和经销商权责不清的问题。客户对某品牌的信任度降低，不单单是因为品牌出现了产品质量问题，更重要的是因为产品出了问题没人解决，即售后问题没解决。

当产品出现质量问题和售后问题的时候，及时妥善地解决问题才是王道。

但有时会遇到这种情况：消费者找到经销商说产品出现了质量问题，经销商就会说"这个产品是生产商生产的，我们经销商只负责销售，我们也没法解决产品质量问题，要找生产商才行"，而生产商又会说"这个是经销商负责卖的，他们搞的活动，我们也不太清楚"之类的推辞语。

很多企业都会遇到这种问题，但是只要事先想好解决问题的方案，就不会出现客户对其品牌信任度降低的情况。就算没有解决问题的方案，企业直接向消费者诚恳道歉，然后换一个全新的产品也是一个解决问题的方式。

第二点，提高企业员工的素质。现在基本所有的企业都在淘宝、京东等电商平台上有旗舰店，当消费者在网上购买的产品出现问题时，便可以方便地联系到旗舰店的客服。

那么，客服和消费者的纠纷都来自哪里呢？大多来自购买的产品出现问题后，消费者关心的问题没有得到合理的解释和妥善的处理。为了避免这种情况发生，企业一定要给员工制定良好的管理规范，在这个前提下，还要让员工提高执行力。

如果消费者每次打电话过去，接听的人都不同，还有的直接推卸责任，这就会导致问题得不到及时解决。如果问题一直解决不了，消费者的耐心被耗尽，他们就会直接投诉了。

图 6-25 为淘宝某家品牌店铺的客服回复截图，为一个吊牌问题沟通了几个小时最后还是没有解决，而且沟通过程中，客服还换了人，消费者不得不提醒她去看上面的聊天记录。

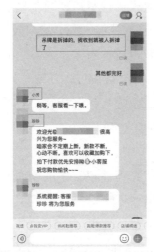

图 6-25　某淘宝店铺客服回复截图

消费者收到这种别人退回去的产品，说想要退货，那么商家直接退不就行了？现在大部分产品的售后服务不都是七天无条件退货退款的吗？既然是无理由，那么就当作消费者不喜欢好了，直接退货退款对双方都好，免得消费者后面打差评影响店铺评分。可是这家店铺的客服却一直在拖延，可见其没有受过良好的售后服务培训。

企业必须要加强售后服务：一方面要加强对员工专业知识的培训，让员工用所学知识给予用户真正的帮助；另一方面要强调以人为本的企业精神，通过创建良好的企业文化来促使员工形成自觉的服务意识。

第三点，提升消费者对产品的使用感受。企业在生产产品时，往往会把注意力放在客户需求上。如果客户更在意产品质量，那么企业应该更注意产品生产环节的管理，因为这是产品拥有高销量的基本保障。

图 6-26 为某个品牌粉底液在抖音平台的一个短视频中的评论截图，其中就有用户评论说"从此不买这个品牌"。这就是典型的消费者使用感受不好，才会说出"从此不买"这种话。

图 6-26　某品牌粉底液在抖音平台的短视频评论截图

身为生产产品的企业，应该设身处地地站在消费者的角度多想想，消费者购买你的产品真正想要的是什么。消费者购买你的产品当然是为了使用。不管什么产品都是具有一定使用价值的，也会使消费者产生使用感受。产品的使用感受越好，消费者才会越喜欢，才能变成回头客，提高对品牌的忠诚度。这样一想，提升消费者对产品的使用感受这一点对于企业来说是不是很重要呢？

一个企业如果可以做到上述 3 点，那么，客户对品牌的信任危机也就不会存在了，客户对品牌的忠诚度和喜爱度自然也会跟着提升。

6.2.4　提升用户购买意愿，促成购买行为

购买意愿，就是指用户对产品的购买意向，即想不想购买这个产品。

要让用户产生购买行为，提升用户的购买意愿是前提。那么，用户的购买意愿又会受哪些因素影响呢？笔者总结了以下几个方面的因素。

第一，商品是否用户需要。消费者在产生想购买这个商品的念头时，一

定会想，我是否真的需要。一般消费者只购买自己真正需要的商品。以气垫霜为例，这种商品保质期一般是三年，三年保质期一过就不能用了，而且气垫霜消耗比较慢，所以这种商品买多了也是浪费。

如果这个商品用户暂时用不到，不会产生购买行为，企业应该怎么办呢？企业可以加大产品和品牌的推广力度，提升消费者购买意愿。比如可以利用短视频平台上有影响力的主播为企业带货。

以抖音上卖美妆产品的主播为例，图6-27为抖音平台某位美妆带货达人发布气垫霜试色的短视频截图。

图 6-27　抖音某美妆带货达人直播短视频截图

像这种在某个平台专注于某一类目的网络红人很多，品牌商可以找与自己产品同类目的大咖合作，对品牌产品进行推广，从而加强商品在用户心目中被需要的感觉，引导其转化成用户购买行为。

图6-28所示就是将用户对气垫霜的需求成功转化为购买行为的案例。品牌通过和大咖合作，将气垫霜成功推广并销售出去，评论里面有的回复"昨晚刚买了一个2号色蓝气垫"，有的回复"都想要"，还有个用户说"我要疯了，但是我的钱包不允许"，这些评论都验证了这种推广模式的成功。

图 6-28　用户需求成功转化为购买行为的短视频示例

第二，影响用户购买意愿的就是商品信息收集结果。用户在购买一个商品前会对这个商品进行了解，比如说自己适不适合这个商品，这个商品质量好不好等，这些都是困扰用户的问题。

那么，关于这些问题的信息，用户会从哪里获得呢？一些公共资源，像电视媒体、网络媒体、消费者评价等，或者是个人来源，比如自己身边的亲戚、朋友、同事、认识的人的评价，再或者是自己的经验总结，这些都可以成为用户了解相关信息的途径。

如图 6-29 所示，用户在抖音搜索栏输入想要了解的关键信息并点击搜索，就会出现一系列产品信息。

比如用户想了解气垫霜，在搜索栏中搜索关键词"气垫霜测评"即可，搜索出来的结果大多是美妆博主对各类气垫霜的测评短视频。这就是利用抖音平台的搜索功能进行商品信息收集的方式。

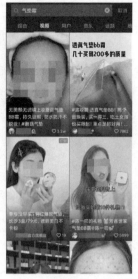

图 6-29　利用抖音平台收集商品信息

　　此外，还可以利用抖音平台的评论回复区进行商品信息收集。图 6-30 所示也是关于气垫霜品牌的信息收集，不过不是靠短视频的内容，而是在短视频的评论回复区进行信息收集。短视频的内容是关于气垫霜测评的，所以下面的评论也都是关于气垫霜的，内容大多是气垫霜好不好用，适不适合油皮之类的。

图 6-30　利用抖音评论回复区收集商品信息

当用户对产品进行了全面了解之后，就会产生购买这个商品的意愿，而当用户产生一定的购买意愿之后，就有很大可能会发生最终的购买行为了。

6.2.5　加强品牌营销，形成品牌联想

具体来说，品牌联想就是当消费者想到或者看到某个品牌时最直接想到的一种产品、一个企业或者一个符号、一个人等，也可以是该品牌的产品功能性、象征性等。

品牌联想还可以是消费者对品牌最直接的总体态度和总体评价。消费者对某一个品牌的每一个联想都可以用联想其品牌的强度、认同度和独特性这 3 个指标来衡量。品牌联想的内涵可分为 3 种不同的形态，如图 6-31 所示。

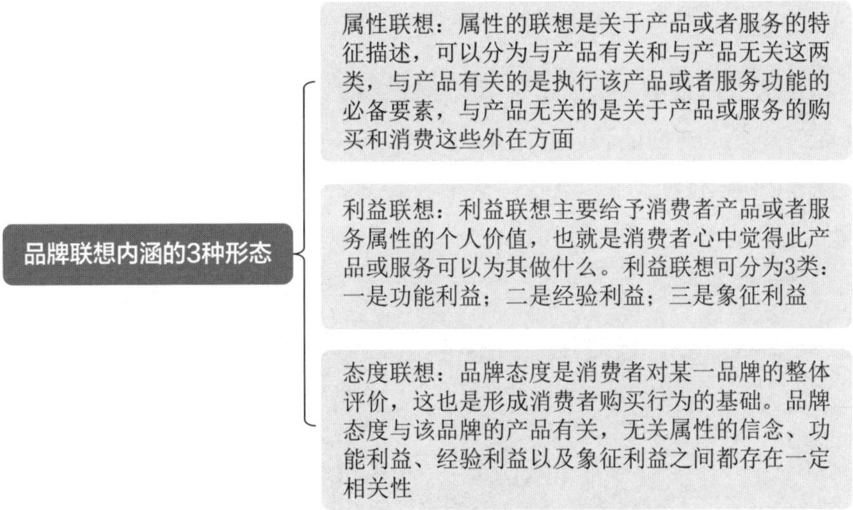

品牌联想内涵的3种形态

属性联想：属性的联想是关于产品或者服务的特征描述，可以分为与产品有关和与产品无关这两类，与产品有关的是执行该产品或者服务功能的必备要素，与产品无关的是关于产品或服务的购买和消费这些外在方面

利益联想：利益联想主要给予消费者产品或者服务属性的个人价值，也就是消费者心中觉得此产品或服务可以为其做什么。利益联想可分为3类：一是功能利益；二是经验利益；三是象征利益

态度联想：品牌态度是消费者对某一品牌的整体评价，这也是形成消费者购买行为的基础。品牌态度与该品牌的产品有关，无关属性的信念、功能利益、经验利益以及象征利益之间都存在一定相关性

图 6-31　品牌联想内涵的 3 种形态

举例来说，提到餐饮服务，人们首先想到的很可能是海底捞这一品牌；提到湖南卤味特产，绝味鸭脖就是首选……这些都是品牌联想的体现。

可见，形成品牌联想是对品牌营销效果评估方面的更高要求，是一种比"未见其人先闻其声"更具影响力的效果评判。品牌联想的形成包括两个维度：一是横向上，即消费者从一个品牌可以联想到同类中具有影响力的其他品牌；二是纵向上，即消费者可以从一个概念、理念联想到其所代表的典型品牌。图 6-32 所示为一个关于乌镇的抖音短视频案例。

图 6-32 关于乌镇的抖音短视频

看到这个短视频，人们是不是会联想到芙蓉镇、周庄等"领先"的古镇品牌呢？这就是横向品牌联想的魅力。

图 6-33 所示为一个包含了"轻奢"概念的抖音短视频案例。看到这个短视频，人们是不是会联想到倡导这一理念的餐饮品牌"雕爷牛腩"呢？这就是纵向品牌联想的魅力。

图 6-33 包含了"轻奢"概念的抖音短视频

6.2.6　查看新增粉丝数据，进行精准分析

关于用户数据，运营者首先要了解的就是每天有多少新增粉丝，又有多少粉丝取消了关注，以及平台一共积累了多少粉丝等。下面笔者主要介绍查看平台新增粉丝数据的具体内容。

运营者如果要查看新增粉丝数据，需要单击"我的粉丝"按钮并在弹出的下拉列表框中选择"粉丝概况"选项，如图 6-34 所示。

图 6-34　查看新增粉丝数据

在"头条粉丝"区域，可以查看"7 天""14 天"和"30 天"的新增粉丝数。图 6-35 所示为头条号"手机摄影构图大全"后台显示的以 7 天为一个时间段的新增粉丝趋势折线图。

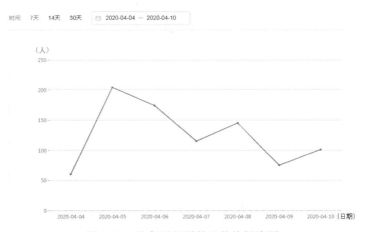

图 6-35　头条号新增粉丝趋势折线图

在该趋势图上，将鼠标指向不同的节点（日期点），还能够看到该日新增粉丝数据，如图 6-36 所示。

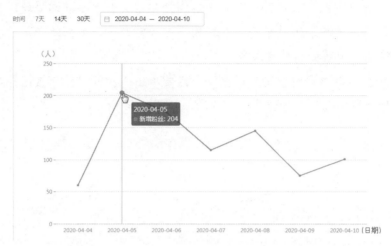

图 6-36　显示具体日期的新增粉丝趋势折线图

分析上面两幅新增粉丝数据趋势图，有两方面的意义。

（1）观察新增粉丝的趋势，以此来判断不同时间段的宣传效果。

整体趋势：从图 6-35 可以看出，该头条号这 7 天内的中期和后期趋势较平缓，折线图起伏不大，前期新增粉丝数有所上升；当运营到后期时，数据开始降低。

但是无论哪一个时间段，在这 7 天内，每天都有 75 人以上关注了该头条号，可见其在宣传推广上还是不曾懈怠的，因为时常有吸引用户的原创内容推出，所以取得了不错的宣传效果。

（2）观察趋势图的"峰点"和"谷点"，可分析出不同寻常的效果出现的原因。

峰点：表示的是趋势图上处于高处的突然下降的节点。它与"谷点"相对，都是趋势图中特殊的点，意味着头条号的内容推送可能产生了不同寻常的效果。图 6-36 中的峰点在 2020 年 4 月 5 日，当日新增粉丝 204 人。为什么这一天的新增粉丝人数呈现出"峰点"的趋势呢？

此时就需要找出原因，是因为平台内容吸引人、关键词布局合理、文案标题有吸引力，还是其他原因。查明原因，运营者就相当于积累了一次经验，以后可以把这种经验复制下去，从而不断地获得好的效果。

谷点：表示的是趋势图上处于低处的突然上升的节点。图 6-36 中的谷点在 2020 年 4 月 9 日，当日新增粉丝只有 75 人，是这 7 天里粉丝增长数量最少的一天。

▷**专家提醒**

在此，7 天这一周期指的是从当前日开始到往前数 7 天的这一段时间，而不是以 7 天为一个区间的任意一段时间。如果运营者要查看头条号某一段时间的新增粉丝数，可以单击"头条粉丝"区域右上角的"时间选择"按钮，然后在弹出的日历表中标记起止时间即可完成选择，如图 6-37 所示。

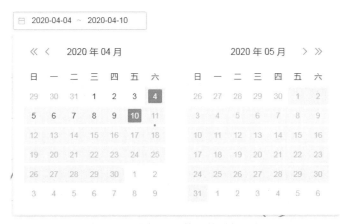

图 6-37　选择显示数据的时间区间

/ 第 / 7 / 章

使用多种吸粉技巧，实现引流涨粉

📢 **学前提示**

对于运营者来说，获取可观收益的关键在于获得足够的流量。那么，运营者如何实现快速引流？

这一章笔者将从引流的基本技巧、平台内的引流方式等方面来讲述如何实现用户的聚合，以帮助大家快速聚集大量用户，实现品牌和产品的高效传播。

✂️ **要点展示**

- 短视频引流，4个基本技巧
- 爆发式引流法，6个常用技巧
- 引流新鲜玩法，通过直播引流
- 头条系新工具，多闪引流技巧
- 放长线钓大鱼，组建起粉丝群

7.1　短视频引流，4 个基本技巧

短视频平台引流有一些基本的技巧，掌握这些技巧之后，电商运营者的引流推广效果将变得事半功倍。这一节，笔者就对几种基本引流技巧分别进行解读。

7.1.1　积极添加话题，提高短视频热度

话题相当于短视频的一个标签。部分抖音用户在查看一个短视频时，会将关注的重点放在查看该短视频添加的话题上，还有部分抖音用户在查看短视频时，会直接搜索关键词或话题。

因此，如果抖音电商运营者能够在短视频的文字内容中添加一些话题，便能起到不错的引流作用。抖音电商运营者在短视频中添加话题时，可以重点运用以下两个技巧。

（1）尽可能多地加入一些与短视频中的商品相关的话题，如果可以，增强营销的针对性，在话题中指出商品的特定使用人群。

（2）尽可能以推荐的口吻编写话题，让抖音用户觉得你不只是在推销商品，也是在向他们推荐实用的好物。

图 7-1 中的两个案例，便很好地运用了上述两个技巧，不仅加入了较多与短视频中的商品相关的话题，而且话题和文字内容中营销的痕迹比较轻。

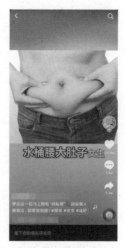

图 7-1　积极添加话题，提高短视频热度

7.1.2　对用户感兴趣的内容，定期推送

平台用户为什么要关注你，成为你的粉丝？笔者认为除了账号中相关人员的个人魅力，还有一个很重要的原因，就是抖音用户可以从你的账号中获得他们感兴趣的内容。部分粉丝关注你的账号之后，可能会时不时地查看账号内的内容。如果你的账号很久都不更新内容，那么部分粉丝可能会因为看不到新的内容，且账号内的内容对他们的价值越来越低而选择取消关注。

因此，对于电商运营者来说，定期发送用户感兴趣的内容非常关键。这不仅可以增强粉丝的黏性，还能吸引更多用户成为你的粉丝。

7.1.3　根据账号定位，发布原创短视频

其实，原创性不仅是短视频上热门的一个基本要求，而且它能起到不错的引流作用。这一点很好理解，毕竟大多数用户刷短视频就是希望看到新奇有趣的内容。如果你的短视频都是照搬他人的，用户在此之前已经看过几遍了，那么他们可能只看零点几秒就划过去了。在这种情况下，你的短视频获得的流量又怎么会高呢？

当然，除了内容的原创性，你发布的短视频还应该满足一个要求，那就是与账号的定位一致。这一点，抖音号"手机摄影构图大全"就做得很好，

在该抖音号中发布的都是原创的摄影作品。图7-2为抖音号"手机摄影构图大全"的部分短视频内容截图。

图 7-2　抖音号"手机摄影构图大全"部分短视频内容截图

7.1.4　给好处，吸引目标受众

人都是趋利的，当看到对自己有益处的东西时，人们往往都会表现出极大的兴趣。抖音电商运营者可以借助这一点，通过给出一定的好处来达到吸引目标受众的目的。图7-3中的两个案例便是通过优惠的价格来吸引目标受众，从而达到引流推广的目的。

图 7-3　给好处，吸引目标受众的短视频

7.2 爆发式引流法，6 个常用技巧

短视频平台聚合了大量的短视频信息，同时也聚合了很多流量。对于运营者来说，如何通过平台引流，让它为己所用才是关键。本节将介绍 6 个常用的引流技巧，手把手教你获取大量粉丝。

7.2.1 直接展示产品，硬广告引流

硬广告引流法是指在短视频中直接进行产品或品牌展示。运营者可以将平时朋友圈发的产品反馈图全部整理出来，然后制作成照片电影来发布视频，如减肥前后的效果对比图、美白前后的效果对比图等。

例如，小米手机的抖音官方账号就联合众多明星，如张子枫、古力娜扎等打造各种原创类高清短视频，同时结合手机产品自身的优势、功能、特点来推广产品，吸引粉丝关注，如图 7-4 所示。

图 7-4　小米手机的短视频广告引流

7.2.2　账号矩阵引流

账号矩阵是指通过同时做不同的账号运营，来打造一个稳定的粉丝流量池。道理很简单，做 1 个抖音号也是做，做 10 个抖音号也是做，相比之下，同时做多个账号可以为你带来更多的粉丝。

打造账号矩阵基本都需要团队的支持，团队至少要配置 2 个主播、1 个拍摄人员、1 个后期剪辑人员以及 1 个推广营销人员，从而保证账号矩阵的顺利运营。

账号矩阵的好处很多，不仅可以全方位地展现品牌特点，扩大品牌影响力，还可以通过链式传播来进行内部引流，从而大幅度增加粉丝数量。例如，被抖音带火的城市西安，就是在账号矩阵的帮助下成功的。

据悉，西安已经有 70 多个政府机构开通了官方抖音号，这些账号通过互推合作引流，同时搭配 KOL 引流策略，让西安成了"网红"打卡城市。西安通过打造账号矩阵，大力展示和宣传了良好的城市形象，同时给旅游行业也带来了流量。当然，同一矩阵中不同抖音号的角色定位会有很大的差别。

账号矩阵可以最大限度地降低单账号运营风险，这和投资理财强调的"不把鸡蛋放在同一个篮子里"的道理是一样的。多账号一起运营，无论是做活动还是引流吸粉都可以达到很好的效果。但是，在打造账号矩阵时，还有很多注意事项，如：

（1）注意账号的行为，遵守抖音规则。

（2）一个账号一个定位，每个账号都有相应的目标人群。

（3）内容不要跨界，小而美的内容形式是主流。

这里再次强调账号矩阵的定位，这一点非常重要，每个账号的角色定位不能过高或者过低，更不能错位，既要保证主账号的发展，也要让子账号能够得到很好的成长。

例如，小米公司的抖音主账号为"小米公司"，粉丝数量 300 万，其定位主要是品牌宣传；而其子账号包括"小米手机""米家""小爱同学"等，这些账号分管不同领域的短视频内容推广引流，如图 7-5 所示。

图 7-5 小米公司的账号矩阵

7.2.3 搜索当下热词，利用热搜引流

对于短视频运营者来说，蹭热词已经成了一项重要的技能。运营者可以利用抖音热搜寻找当下的热词，并让自己的短视频高度匹配这些热词，以得到更多的关注。

下面是笔者总结出的 4 个利用抖音热搜引流的方法：

（1）视频标题文案紧扣热词。

（2）视频话题与热词吻合。

（3）视频选用的 BGM（背景音乐）与热词关联度高。

（4）账号命名踩中热词。

7.2.4 发挥创造力，利用原创引流

对于有短视频制作能力的运营者来说，原创引流是最好的选择。运营者可以把制作好的原创短视频发布到抖音平台，同时利用账号资料引流，如在昵称、个人简介等处都可以留下微信等联系方式。

抖音上的年轻用户偏爱热门和有创意、有趣味的内容，而抖音平台也鼓励原创，对短视频的要求是：场景、画面清晰；记录自己的日常生活，内容

健康向上，多人类、剧情类、才艺类、心得分享、搞笑等多样化内容，不拘泥于一个风格。运营者制作原创短视频内容时，应记住并奉行这些原则，从而让作品获得更多推荐。

7.2.5　利用社交平台，扩大线上引流大全

线上引流最重要的媒介就是各种社交平台，微博、微信、QQ和各种音乐平台等都拥有大量的用户群体，它们都是短视频引流不能错过的平台。

1. 微信引流

根据腾讯2018年一季度数据，微信及WeChat的合并月活跃账户达到10.4亿，已实现对国内移动互联网用户的大面积覆盖，成为国内最大的移动流量平台之一。下面介绍使用微信为抖音引流的具体方法。

（1）朋友圈引流

用户可以在朋友圈中发布抖音短视频作品，作品中会显示相应的抖音账号，达到吸引朋友圈好友关注的目的。注意，朋友圈只能发布30秒以内的短视频，而抖音的短视频通常都在30秒以上，所以发布时还需要对其进行剪辑，尽可能选择内容中的关键部分。

（2）微信群引流

通过微信群发布自己的抖音作品，群里的人点击短视频后可以直接查看内容，从而提高内容的曝光率。发布的时间应尽量与抖音平台同步，也就是说在抖音发完短视频后马上将短视频分享到微信群，注意，不能太频繁。

（3）公众号引流

运营者也可以定期在公众号上发布抖音短视频，从而将公众号的粉丝引流到抖音平台上，以促进抖音号提高曝光率。

2. QQ引流

作为最早的网络通信平台，QQ拥有强大的资源优势以及庞大的用户群，是抖音运营者必须巩固的引流阵地。

（1）QQ签名引流

运营者可以自由编辑或修改"签名"的内容，在其中引导QQ好友关注抖音号。

（2）QQ 头像和昵称引流

QQ 头像和昵称是 QQ 号的首要流量入口，运营者可以将其设置为与抖音上平台相同的头像和昵称，以增加抖音号的曝光机会。

（3）QQ 空间引流

QQ 空间是抖音经营者可以充分利用起来进行引流的一个好地方，运营者可以在此发布抖音短视频作品。注意要将 QQ 空间权限设置为所有人都可访问，如果不想有垃圾评论，也可以开启评论审核功能。

（4）QQ 群引流

运营者可以多创建和加入一些与抖音号定位相关的 QQ 群，多与群友进行交流互动，让他们对你产生信任感之后，再发布抖音作品来引流自然就会水到渠成。

（5）QQ 兴趣部落引流

QQ 兴趣部落是一个基于兴趣的公开主题社区，这一点和抖音的用户标签非常类似，能够帮助运营者获得更加精准的流量。

运营者也可以关注 QQ 兴趣部落中的同行业达人，多评论他们的热门帖子，可以在评论中添加自己的抖音号等相关信息，以收集到更加精准的受众。

3. 音乐平台引流

抖音短视频与音乐是分不开的，因此运营者还可以借助各种音乐平台来给自己的抖音号引流，常用的有网易云音乐、虾米音乐和酷狗音乐。

以网易云音乐为例，它专注于发现与分享音乐，依托专业音乐人、DJ（Disc Jockey，打碟工作者）、好友推荐及社交功能，为用户打造全新的音乐生活。网易云音乐的目标受众是有一定音乐素养、教育水平较高、收入水平较高的年轻人，这和抖音的目标受众重合度非常高，因此是抖音账号引流的最佳音乐平台之一。

运营者可以利用网易云音乐的音乐社区和评论功能，对自己的抖音号进行宣传和推广。除此之外，运营者还可以利用音乐平台的主页动态进行引流。

例如，网易云音乐推出了一个类似微信朋友圈的功能，短视频运营者可以通过它来发布歌曲动态，上传照片并发布 140 字的文字内容，同时还可以发布抖音短视频，直接推广自己的抖音号。

7.2.6　利用线上人气，导流线下店铺

本地化的抖音号，还可以通过发短视频来给自己的线下实体店铺引流。

例如，土耳其冰淇淋、CoCo 奶茶、宜家冰淇淋等线下店铺通过抖音短视频吸引了大量粉丝前往消费。

用抖音号给线下店铺引流最好的方式就是开通企业号，利用"认领 POI 地址"功能，在 POI 地址页展示店铺的基本信息，将线上流量转化到线下。当然，要成功引流，运营者还必须持续输出优质的短视频内容，保证稳定的更新频率，多与用户互动，并打造好自身的产品，做到这些就可以为店铺带来长期的流量。

7.3 引流新鲜玩法，通过直播引流

在短视频平台开通直播功能究竟有什么作用？创建短视频平台的首要目的毫无疑问是获取用户，如果没有用户，就谈不上运营。短视频平台开通直播功能可以为产品注入自发传播的基因，从而促进应用的引流、分享、拉新。从"自传播"到再次获取新用户，应用运营可以形成一个螺旋式上升的轨道。

7.3.1　做好三步，轻松打造短视频直播室

以抖音为例，在打造直播内容、产品或相关服务时，运营者首先要遵守相关法律法规，只有合法的内容才能得到平台承认，才可以在互联网中快速传播。接下来，做好以下三步，就可以轻松打造短视频直播室了。

1. 建立更专业的直播室

建立一个专业的直播室，主要包括以下几个方面：

- 直播室要有良好稳定的网络环境，保证直播时不会掉线和卡顿，给用户带来良好的观看体验。如果是在室外直播，建议选择无限流量的网络套餐。
- 购买一套好的电容麦克风设备，给用户带来更好的音质效果，同时也将自己的真实声音展现给他们。
- 购买一个好的手机外置摄像头，让直播画面更加清晰，给用户留下更好的印象，当然也可以通过美颜等效果来给主播的颜值加分。

另外，还需要准备桌面支架、三脚架、补光灯、手机直播声卡以及高保真耳机等设备。例如，直播补光灯可以根据不同场景调整画面亮度，具有美颜、亮肤等作用，如图 7-6 所示；手机直播声卡可以高保真收音，无论高音还是低音都可以还原得更真实，让你的歌声更加出众，如图 7-7 所示。

图 7-6　LED 环形直播补光灯　　　　图 7-7　手机直播声卡

2. 设置一个吸睛的封面

如果抖音直播的封面图片设置得好，就能够吸引更多用户观看。目前，抖音直播平台上的封面通常是主播的个人形象照片，背景以场景图居多。抖音直播封面没有固定的尺寸，但尺寸也不宜过大或太小，且画面一定要清晰美观。

3. 选择合适的直播内容

抖音直播的内容除了音乐，还有其他类型，如美妆、美食、"卖萌"以及一些生活场景直播等。它们都是由抖音社区文化衍生出来的，也比较符合抖音的产品定位。

通过直播做内容创业，以音乐为切入点可以更快地吸引粉丝关注，在更好地传播好的音乐内容的同时，也可以让主播与粉丝同时享受近距离接触的快感。

需要注意的是，无论直播内容是什么类型，都应该符合法律法规的要求，以免辛苦经营的账号被封。

7.3.2　直播吸粉引流，技巧最为重要

直播借着短视频平台又回到了人们的视野，运营者只需要一部手机即可直播，但直播行业的竞争也是非常残酷的，因此运营者需要掌握吸粉引流的技巧，让自己"火"起来。

1. 内容垂直

根据自己的定位来策划垂直领域的内容，在直播前可以先策划一个大纲，然后再围绕这个大纲来细化具体的直播过程，并准备好相关的道具、歌曲、剧本等。在直播过程中，主播要关注粉丝的动态，有人进来时记得打招呼，有人提问时记得回复一下。

2. 特色名字

给主播起名字时，需要根据不同的平台受众来设置不同的名称。

● 以电竞为主的虎牙等平台，主播的名字要大气、霸气一些。
● 以二次元内容为主的哔哩哔哩等平台，主播的名字要切合"宅"文化，尽可能年轻化、潮流化。
● 以导购内容为主的淘宝直播等平台，主播名字则要与品牌或产品等定位相符，从而让人产生信赖感。

3. 专业布景

直播的环境不仅要干净整洁，而且也要符合账号的内容定位，给观众带来好的直观印象。例如，以卖货为主的直播间，背景可以挂一些样品，商品的摆设要整齐，房间的灯光要明亮，从而突出产品的品质，如图7-8所示。

图 7-8　直播布景示例

4. 聊天话题

主播可以制造热议话题来为自己的直播间快速积攒人气，"话痨好过哑巴"，但话题内容一定要健康、积极、向上，要符合法律法规和平台规则。当然，主播在与粉丝聊天互动时，还要掌握一些聊天的技巧，如图 7-9 所示。

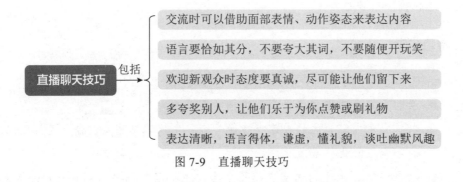

图 7-9　直播聊天技巧

在直播过程中，主播不仅要用高质量的内容吸引观众，而且要随时引导进来的观众关注自己的账号，成为自己的粉丝。

5. 定位清晰

精准的定位可以形成个性化的人设，有利于打造你在某个细分领域的专业形象。下面介绍一些热门的直播定位类型供参考，如图 7-10 所示。

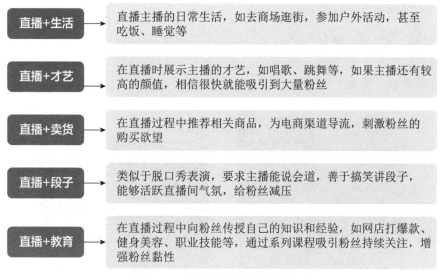

图 7-10　热门直播定位的参考方向

6. 定时开播

由于很多粉丝都是利用闲暇来看直播的，只有你的直播时间跟他们的空闲时间对得上，他们才有时间看你的直播，因此主播最好找到粉丝活跃度最大的时间段，然后将这个时间段作为每天直播的定点时间。

7. 抱团吸粉

和一些内容定位与自己相近的主播搞好关系，成为朋友，这样你们可以相互推广，互相照顾。当大家都有一定粉丝基础后，你还可以带领自己的粉丝去朋友的直播间"查房"，这样不仅可以活跃直播间气氛，而且能够很好地留住粉丝。"查房"是直播平台上一种常用的引流手段，主要是依靠大主播的人气流量来带动不知名的小主播，从而形成良性循环，促进粉丝消费。

8. 互动活动

如果直播时观众反应比较冷淡，那么你可以另外找一个人跟你互动，两个人一起来活跃直播间的气氛，也不至于因为没有话题而面临尴尬的境地。另外，你也可以选择一些老观众与他们互动，主动跟他们聊天，以最大限度地提升粉丝黏性。

除了聊天，主播还可以做一些互动活动，如带粉丝唱歌，教粉丝一些生活技巧，带粉丝一起打游戏，在户外做一些有益的活动，或者举行一些抽奖活动等，如图 7-11 所示。这些小的互动活动可以提升粉丝的活跃度，同时还能吸引更多"路人"关注。

图 7-11　游戏互动和户外互动活动

9. 营销自己

抖音通常会给中小主播分配一些地域流量，如首页推荐或者其他分页的顶部推荐，让他们可以处于一个较好的引流位置。你一定要抓住这些机会来推广自己、营销自己。

10. 维护粉丝

当你通过直播积累了一定量的粉丝后，务必要做好粉丝的沉淀，可以将他们导流到微信群、公众号等平台，更好地与粉丝进行交流沟通，表现出你对他们的重视。平时不直播的时候，也可以多给粉丝送送福利、发发红包或者优惠券等，以求最大化地将用户留住，从而实现多次营销。

直播引流的技巧可以总结为 3 点：内容 + 互动 + 福利。内容展现价值，互动增进感情，福利触发交易。

7.3.3　直播互动玩法，吸引潜在粉丝

抖音没有采用秀场直播平台常用的"榜单 PK"等方式，而是以粉丝点赞作为排行依据，这样可以让普通用户的存在感更强。下面介绍抖音直播的几种互动方式。

1. 评论互动

用户可以点击"说点什么"来发布评论，此时主播要多关注这些评论内容，选择一些有趣的和实用的评论进行互动。

2. 礼物互动

礼物是直播平台最常用的互动形式，抖音的主播礼物名字都比较特别，不仅体现出浓浓的抖音文化，同时也非常符合当下年轻人的用语习惯以及网络流行文化，如"小心心""热气球""为你打 call"等。

3. 点赞互动

用户可以点击直播页面右下角的抖音图标，给喜欢的主播点赞，提升主播人气，如图 7-12 所示。主播的总计收入是以"音浪"的方式呈现的，他们从粉丝那里获得的打赏越多，人气越高，收入自然也越高。

4. 建立粉丝团管理粉丝

在抖音开直播的主播一般都会有不同数量的粉丝团，这些粉丝可以在主播的直播间享有一定特权，主播可以通过"粉丝团"与粉丝形成更强的黏性。点击直播页面左上角主播昵称下方的粉丝团，然后点击"加入 Ta 的粉丝团"按钮，支付 60 抖币，即可加入该主播的粉丝团，同时获得"免费礼物""粉丝铭牌"和"抖音周边"等特权，如图 7-13 所示。

图 7-12　点赞互动　　　　　　图 7-13　加入主播粉丝团

7.4 头条系新工具，多闪的引流技巧

　　2019 年初，今日头条发布了一款名为"多闪"的短视频社交产品。多闪拍摄的小视频可以同步到抖音，非常像微信朋友圈视频玩法。

　　多闪 App 的注册也非常简单，"抖商"们可以先下载多闪 App，然后用头条旗下的抖音号授权、填写手机号、收验证码、授权匹配通讯录等即可进入。多闪 App 诞生于抖音的私信模块，它可以将抖音上形成的社交关系直接转移到多闪平台。通过自家平台维护这些社交关系，可以降低与用户结成关系的门槛。

7.4.1　多闪引流其一：同城附近位置

在多闪 App 的"世界"板块中，这些短视频内容的展示顺序依次为可能认识的人、附近的人、人气随拍。这样排序的目的是强化用户的关系链，增加用户使用"多闪"的黏性。

"抖商"在利用多闪引流时，如果重视"世界"板块，"世界"就能成为用户重构社交关系的流量池，通过它可以深挖同城引流和基于附近位置引流的红利。在"世界"板块，附近的人发布的短视频信息会优先展示，同时用户也会在使用多闪 App 的过程中收到诸多陌生人添加好友的请求。尤其是那些美女同城视频或新店开业类视频，都可以借助"世界"板块来实现广泛被动引流，而且没有好友上限。

多闪平台上，私聊、群聊、随拍、转账、红包等功能一应俱全，打通了从社交行为到商业转化的全过程，这也是帮助抖音用户快速成长为"抖商"的动力所在。

在抖音上吸粉比较容易，但这些粉丝的黏性很低，他们通常只会关注你的内容，而不会与你有过多的交集。而多闪则可用来平衡抖音这种社交维度上的不平等关系，它通过短视频社交来提升抖音的粉丝黏性。同时，"抖商"还可以在多闪中融入各种产品和销售场景，再加上钱包支付和视频红包功能，就能够形成良好的商业生态。

7.4.2　多闪引流其二：主动加人引流

下面介绍通过多闪 App 主动加人引流的操作方法。

（1）打开多闪 App，在其主界面有一个"邀请好友来多闪"模块，该模块会推荐一些好友，点击"添加"按钮，如图 7-14 所示。

（2）执行操作后，弹出"申请加好友"提示框，❶输入相应的申请信息；❷点击"发送"按钮，如图 7-15 所示。

（3）用格式工厂或 inshot 视频图片编辑软件，对视频进行剪辑和修改。

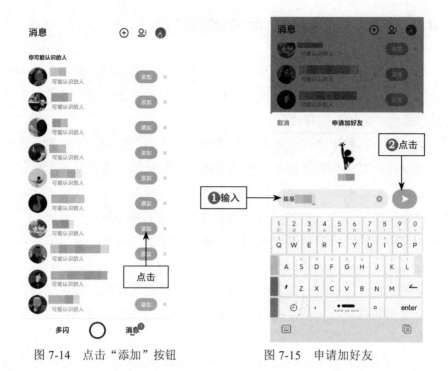

图 7-14 点击"添加"按钮　　　　图 7-15 申请加好友

（4）把经过剪辑的短视频上传到抖音，同时在抖音账号的资料部分进行引流，以便粉丝添加。

需要注意的是，通过多闪 App 主动加人是有人数限制的，当日最高添加 500 人，被动加人没有人数限制。多闪 App 的好友上限目前还不清楚，如果同步抖音平台上的私信好友，我们姑且认为多闪 App 的好友上限可以过万。

（5）执行操作后，进入"消息"界面，可以看到申请添加的好友右侧显示"待通过"提示。在"消息"界面还可以邀请微信和 QQ 好友，譬如点击"打开微信邀请"按钮，如图 7-16 所示。

（6）执行操作后，弹出相应提示框，显示邀请口令，点击"打开微信粘贴给好友"按钮，如图 7-17 所示。

图 7-16　点击"打开微信邀请"按钮　　图 7-17　点击"打开微信粘贴给好友"按钮

（7）另外，在"消息"界面点击右上角的"+"按钮，在弹出的菜单中选择"添加好友"选项，如图 7-18 所示。

（8）执行操作后，进入"添加好友"界面，里面有多种添加好友方式，如可能认识的人以及推荐的关系维度等，可看到通讯录好友、好友的好友等，建议你第一时间将能添加的好友全部点一遍，如图 7-19 所示。

图 7-18　选择"添加好友"选项　　图 7-19　"添加好友"界面

可以利用多闪 App 的聊天功能和抖音粉丝发私信。跟之前利用抖音自带私信功能相比，多闪 App 可以将私信发送给较多数量的微信号。但是要注意，用多闪 App 发送私信给过多的微信号时，依然会出现过度营销提示。

7.4.3 多闪引流其三：互动工具引流

多闪将抖音中的装饰道具和滤镜特效等大部分功能都移植过来了，拥有丰富的表现方式和场景。"抖商"在和好友互动时，可以直接用多闪 App 拍摄各种抖音风格的短视频，由此快速吸引更多的年轻用户关注。

多闪上的短视频内容不是以人实现聚合的，而是以好友关系实现聚合的，避免了刷屏烦恼。跟朋友圈的信息刷屏互动模式相比，多闪的随拍功能显得更为简洁。好友就算发再多内容，也只会在聊天界面上方提示一次，点击好友的头像即可看到他在 72 小时内发布的所有动态内容，这些内容会按照更新时间排好序，让用户拥有更好的浏览体验。短视频发布 72 小时后，这些内容就只有作者自己能够看见，进一步降低了社交压力。

多闪上没有公开评论的社交场景，只有基于私信的私密社交场景。陌生人之间不需要加好友就能够聊天，但只能发送 3 条信息。在聊天过程中输入文字时，系统会自动联想海量的表情包来丰富对话内容，不仅降低了表情包的使用和筛选难度，而且还有助于用户表达更多情感和态度。

多闪的定位是社交应用，不过是以短视频为交友形态，微信的大部分变现产业链同样适用于多闪。未来，抖音平台对于导流微信的管控肯定会越来越严格。所以，如果"抖商"在抖音有大量粉丝，就必须想办法添加他们的多闪号。另外，多闪还能给"抖商"带来更多的变现机会，具体说明如下。

1. 抽奖活动

多闪上线了"聊天扭蛋机"模块，用户只需要每天通过多闪与好友聊天，即可参与抽奖，而且红包额度非常大。

2. 支付功能

抖音基于"抖商"开发的电商卖货功能，同时还与阿里巴巴、京东等电商平台合作，如今还在多闪中推出"我的钱包"功能，通过这项功能可以绑定银行卡、提现、查看交易记录和管理钱包等，便于"抖商"变现。

3. 多闪号交易变现

"抖商"可以通过多闪号吸引大量精准粉丝，有需求的企业可以通过购买这些流量大号来推广自己的产品或服务。

4. 多闪随拍短视频广告

拥有大量精准粉丝流量的多闪号，完全可以像抖音号和头条号那样，通过短视频贴牌广告或短视频内容软广告来实现变现。

7.4.4 抖音互粉运营，实现持续变现

在抖音号的运营过程中，想办法跟其他抖音用户进行互粉，互粉之后，你就可以加他（她）为多闪好友，然后通过多闪跟他（她）聊天，给他（她）发图片，或者引导他（她）购买你的产品。多闪的运营是不会影响抖音号的权重的。互粉成了抖音好友之后，你通过多闪的随拍功能就可以直接讲解你的产品。

很多做微商或者是做小代理的，可能一个月不一定能加 100 个好友，有的人做了一年才增加了一两百个好友。加的人这么少，每天找你沟通的人就更少了，卖货、带货的效果也就难以达到预期了。

通过多闪，运营者每天可以跟几十人、上百人进行交流，那样的成交率有多高呢？做微商的都知道，如果一天能够成交两单，那么一个月的收入就可能上万。而且这些从抖音过来的人还有复购能力，运营者可以挖掘他们的购买潜力，实现可持续的带货、卖货变现。

7.4.5 图文视频内容，实现精准营销

抖音对图文视频并不是特别支持，但只要你的内容够好，图文视频也是可以带来很多流量的。我们都知道图文视频不好变现，但它却是很容易涨粉的。

运营者可以通过做图文视频不断地积累粉丝，然后去和这些粉丝聊天。如果你的账号有 10 万粉丝，那能够带给你的流量是非常巨大的。涨粉之后，你

可以去找粉丝聊天，通过沟通让他（她）认可你这个人。或者将粉丝引导到多闪上进一步营销。沟通、营销，再加上你的朋友圈打造，很容易促成交易。

我们群里面的学员成交率一般都比较高。可能吸引过来 10 个人，就会有 3～5 个人成交。其中，有一个学员总共只涨了 800 个粉丝，但却吸引了 500 个人加她的微信。通过这些加微信的人，她一周就变现了 4 万元。

对于小代理来说，最重要的是当时能够变现，不一定要考虑涨到多少万粉丝，而要从第 1 个粉丝开始，就考虑如何吸引能够实现变现的精准粉丝人群。

在做图文内容的时候，还需要注意两点：一是不能做违规的内容，否则账号会被限流，这样一来，你的多闪能够吸引到的流量也将大打折扣；二是要在内容中设置引诱点，让抖音用户看了短视频之后，对你的产品有需求，愿意去多闪加你为好友。

7.5 放长线钓大鱼，组建起粉丝群

你在关注同领域的账号时，可以看一下他们有没有组建社群。如果他们组建了社群，你就立马去加入。如果说你的粉丝有需求，你也可以组建社群。只要粉丝成为你的多闪好友，你就可以邀请他（她）进群。所以，群也可以作为一个引诱点。

虽然进群之后不一定会聊天，但是仍然有很多人想进群，因为群里通常会分享很多内容。所以，运营者可以结合粉丝的需求，用粉丝社群来提升自身的带货、卖货能力。

为什么我鼓励大家运营社群？因为运营社群有以下 3 个好处。

第 1 个好处是引爆流量。运营社群是如何引爆流量的呢？在组建一个短视频交流群时，你可以设置一个进群的条件，比如转发朋友圈、推荐 × 人可免费进群。这样一来，想进群的人就变成了你的社群宣传员，而社群也就实现了裂变传播。

这种裂变可以快速地帮你招揽粉丝，而且招来的都是精准粉丝。建这种社群时，你只需要从你的朋友圈里找到 100 个人，这 100 个人就可能帮你裂

变出 500 个人，而这 500 个人后期还会裂变再裂变。这种持续的裂变，可能让你的社群粉丝在短短两三个月内从 100 人拓展到 5000 人。

第 2 个好处是容易获取精准客户。凡进社群的，其需求基本都是相同的。为什么呢？因为每个社群都有它的主题，而社群成员也会根据自身的目的选择自己需要的社群。所以，一旦他（她）选择进入你的社群，就说明他（她）对你的社群的主题内容是有需求的。既然对社群的主题内容有需求，那他（她）自然就是你的精准客户了。

第 3 个好处是容易变现快速。既然这些进群的都是对主题内容有需求的精准客户，那么，你只需解决他们的需求，获得他们的信任，就可以实现快速变现了。

当然，社群的种类是比较丰富的，每个社群能达成的效果不尽相同。那么，我们可以运营哪些社群呢？这一节就来回答这个问题。

7.5.1　运营大咖社群，加强粉丝交流

大咖通常都会有很多社群，毕竟他们的粉丝量都是比较大的。但大咖每天要做的事情也比较多，没有时间和精力与一个个粉丝私聊。所以，他们通常都会通过社群与自己的粉丝沟通。图 7-20 所示为部分大咖社群。

图 7-20　部分大咖社群

对大咖社群，我们可以从两个方面运营：一方面，当我们拥有一定名气时，可以将自己打造成大咖，并建立自己的大咖社群；另一方面，当我们名气不够时，可以寻找一些同领域的大咖社群加入，我们可以从这些社群中获得一些有价值的内容，而且这些社群中有一部分人可能就是我们的潜在客户，可以通过共同的社群，与这些人产生连接，为后续带货、卖货做好铺垫。

比方说，"商业小纸条"抖音号的运营者有几十个社群，我们如果能进入他们的社群，就可以跟更多人产生连接。总而言之，我们在大咖社群里，一定要多找同领域的目标群体。

7.5.2　建立自己的社群，精准吸引客户

自建社群就是创建属于自己的社群。创建社群的工具有很多，除了常见的微信群，还可以用 QQ 群、多闪群等。图 7-21 所示为我们自建的部分抖音学员群。

社群创建之后，需要通过多种渠道进行推广，以吸引更多人进群，从而增加社群的人数和提升整体的影响力。在推广过程中，可以将社群作为吸引点，吸引精准客户加入。比如，做母婴社群的，可以将"想进母婴社群的联系我"作为一个吸引点。

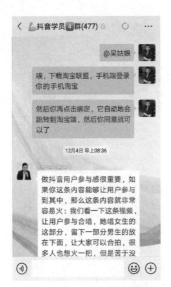

图 7-21　自建社群

我们曾经在百度贴吧上做过测试，通过这种吸引点的设置，在短短两天时间，吸引了 1000 余人加群。这还只是百度贴吧吸引的粉丝量，如果再在其他平台上同步宣传，吸引的粉丝量就非常可观了。

7.5.3　建立平台社群，吸引目标粉丝

平台社群既包括针对某个平台（如抖音平台）打造的社群，也包括就某一方面内容进行交流的平台打造的社群。图 7-22 所示为我们加入的部分平台社群。这些群有的在 QQ 上，有的在微信上。因为这些群里面有很多都是我的目标粉丝，所以，我只需要到这些群里面进行一些分享，就可以吸引一批粉丝。

平台社群其实是比较好做的，因为这些社群里很少有大咖在里面长时间地提供服务。即使这些群邀请来了大咖，大咖们也只会在相应的课程时间内分享内容，时间一过基本上就不会再说话了。

但是，笔者可以在群里面长期服务，所以就很容易跟群里的人混熟。笔者之前加入过一个抖音的官方社群，在跟群里面的人混熟之后，分享了一些内容，结果 400 多人的群就有 300 多人加了笔者的微信。这些加笔者微信的人，很多后来都成了笔者的学员。

图 7-22　平台社群

既然平台社群有这么丰富的粉丝资源，那就要合理地去运用。当然，在平台社群的运营中，还需要服务得高端一点。什么叫"高端一点"？就是在为群成员服务时，要尽可能地显得专业一点，产出的内容要有价值，要让社群成员看到你分享的内容之后，对你的服务有需求。

笔者每进一个群，被里面几十人或者上百人加为好友都很正常。所以，有时候狂轰滥炸式地去各平台宣传所获得的精准粉丝，可能还没有通过在平台社群中服务吸引过来的粉丝多。

7.5.4　提供社群服务，聚集消费人群

服务社群就是将已经消费的人群聚集起来，并为他们提供相关服务的社群。比如，你建一个顾客群，把在你的母婴店里买过产品的人都拉进来，通过在群里服务，拉近与顾客之间的关系，促成顾客二次消费。

这一类社群中的成员通常有两个特点：一是已经有过一次消费，普通的产品宣传很难让他们提起兴趣；二是在加入社群之后，他们可能不太愿意主动在群里与你进行沟通。

因此，这一类社群更多的是在店铺促销时作为一种助力来使用。比如，店铺中有打折优惠活动时，你可以将相关的信息发布到社群中，吸引社群成员围观活动、购买产品。

对社群运营这一节的内容，我简单总结为以下两点。

一是不管在哪个平台运营社群，都要用有价值的内容来吸引潜在客户，刺激他们的消费欲望。

二是社群可以作为一个吸引点和流量池来使用：一方面，可以通过创建社群，吸引更多人加入；另一方面，可以通过在社群中的服务，创建私域流量池，挖掘潜在客户的持续购买力。

/第/8/章/

电商渠道引流，边赚钱边涨粉

📢 **学前提示**

大部分短视频运营者都会走开店变现这条路，因此利用短视频来做网店引流就成了必不可少的工作。

如今，淘宝等电商平台的短视频权重越来越高，系统会对发布短视频的商品自动加权，使其获得更多的推荐和流量。同时，短视频还能增加用户的访问深度和停留时长，有利于打造爆款。

✂️ **要点展示**

- 快速从平台获取流量，有两大基本方式
- 站内引流技巧，投放视频引流
- 利用三大推广渠道，实现站外引流

8.1 快速从平台获取流量，有两大基本方式

虽然抖音、快手等平台表面上只是短视频平台，但它们有强大的网上卖货能力，是公认的带货利器。如"小猪佩奇""网红蜘蛛侠"等，这些产品在短视频平台的推广和运营下，一度成为热卖爆款。随着流量的碎片化趋势越来越深入，抖音、快手等拥有巨大流量的短视频平台成为电商引流的"新营销天地"，吸引了大量网店商家入驻。那么，商家该怎样从这些平台快速获取流量呢？有以下两大基本方式。

8.1.1 付费邀请"网红"，通过合作引流

抖音等短视频平台上有很多粉丝数量众多的"网红"，商家可以找这些人进行付费合作，邀请他们来拍摄短视频，并在短视频内容中投放广告，从而为店铺或产品引流。例如，吴佳煜、张欣尧这些拥有几百万粉丝的抖音"网红大V"，许多商家会找他们拍短视频或请他们做广告。他们给商家带来流量的同时，自己也收获了可观的广告费。比如他们采用自拍的形式给服装带货，效果也不错，如图 8-1 所示。

不仅是"大V"，就算是小"网红"，带货量也是非常高的。这种网店引流方式见效非常快，适合打造爆款。不过，由于"网红"同样具有明星效应，因此他们在选择商品时，对产品品质的要求会比较高，而且广告费用也高，因此出售低单价产品的商家需要考虑投资回报率。

需要注意的是，网店商家在找"网红"合作时，要尽量找与自己店铺业务相关的"网红"，这样他们带来的流量会更加精准，流量转化为交易的概率也会更高。例如，卖零食的商家可以找美食领域的"网红"合作，这样获得的流量都来自喜欢美食的人群，他们很有可能会下单购买。

图 8-1　"网红"自拍给服装带货

除了请"网红"做广告，还有像"晨妍"这种直接给自家店铺引流做广告的，如图 8-2 所示。

图 8-2　"晨妍"短视频引流案例

专家提醒

商家千万要注意，合作的"网红"不能有负面新闻。有负面新闻的"网红"虽然受关注度很高,但他们的经济价值却非常低,而且还会损害店铺形象。因此,商家应尽可能找一些口碑好、形象好的"网红"合作引流。

8.1.2 自建电商橱窗,利用账号引流

对于电商来说,有流量就代表有销售量。除了找"网红"合作推广产品,电商也可以在抖音等短视频平台上自建店铺,在受众活跃的短视频内容领域,打造自己的 IP 账号,努力成为 KOL,从而为店铺引流。

例如,抖音号"付公子"发布的是一些用编织袋做服装的搞笑短视频,但实际上他是卖日用品的,粉丝有几十万人,他通过抖音的商品橱窗把流量引导到自己的淘宝店,如图 8-3 所示。

图 8-3　通过抖音的商品橱窗引流

在短视频平台上通过打造个人 IP 引来的流量都是非常精准的,而且转化起来也相当容易,但难就难在 IP 的打造和运营上。如果只是单纯地在抖音上输出内容,很难在众多抖音账号中脱颖而出,也很难实现流量的沉淀。

但是,从长远来看,自己打造 IP 引流要好于找"网红"合作。每个商品都有自己的品牌名,运营者也要有自己的专属关键词,这样别人才能够记住你。

8.2 站内引流技巧，投放视频引流

本节主要介绍淘宝、天猫等电商平台站内的短视频投放和推广技巧，帮助商家将短视频快速投放到各种电商平台，以超低成本获取优质消费者。

8.2.1 添加宝贝主图，通过店铺引流

店铺主图短视频也就是商家在自己的店铺中主推的短视频，商家可以在淘宝网页端或者千牛平台登录卖家中心，找到出售中的宝贝，选择编辑宝贝，即可上传产品短视频。淘宝店铺的短视频不同于其他渠道的短视频，它对内容策划的要求不高，商家可以在商品型短视频上下工夫。

很多商家之前从来没有接触过短视频这种新媒体形式，他们大多没有短视频制作经验，更不要谈拍摄、剪辑和包装了。对此，淘宝在服务市场中引入了大量的短视频服务商，帮助商家快速打造短视频内容，如图 8-4 所示。

图 8-4　淘宝服务市场中的短视频服务商

不过，很多专业机构的服务费非常高，中小卖家难以承受，此时商家也可以使用一些优秀的短视频制作工具，自己学着拍摄和制作短视频。这些工具操作简单，效果也非常好。

例如，企拍"主图短视频"工具具有视频模板、一键生成、视频剪辑等功能，是一款专门服务于电商的插件工具，如图 8-5 所示。

图 8-5　企拍 App 的主要功能介绍

企拍 App 不仅拥有众多精美的短视频模板，而且拥有强大的拍摄剪辑功能，适用于电商的主图 / 详情页短视频、企业活动、新品上市等短视频的自制，如图 8-6 所示。再加上企拍 App 个性化的定制服务，以及多元化的分类视频社区，可以实现多渠道一键分发，是电商必备的辅助工具。

图 8-6　企拍 App 个性化定制和短视频模板

另外，淘宝还针对短视频内容，在服务市场中的内容互动模块中推出了"短视频制作"专区。这里有很多的短视频案例、工具和制作技巧，商家可以在此学习，增加自己的短视频运营知识，如图8-7所示。

图8-7　"短视频制作"专区

当消费者在淘宝搜索和查看商品时，有短视频的主图会自动播放，展示出商品的不同特色，如图8-8和图8-9所示。这样一来，商品的好处就体现得淋漓尽致了。短视频的作用在于，通过全方位、多角度、直观地表现商品的特点，让观看者更容易产生购买商品的欲望。

图8-8　搜索结果页中的主图短视频效果　　图8-9　商品详情页中的主图短视频效果

通常情况下，人脑对动态信息的接受度要远高于简单的图片或文字介绍。换句话说，短视频可以动态展示商品，而文字和图片只能静态展示商品，因此短视频更容易吸引用户眼球，引流效果自然会更好。

8.2.2　添加宝贝详情，通过页面引流

淘宝宝贝详情页是吸引消费者购物的一个重要因素，越来越多的商家开始重视宝贝详情页的设计，并在其中添加短视频来增加内容的丰富感，如图8-10所示。详情页中的短视频，可以供消费者深度浏览，从而让他们更全面地、动态快速地了解商品信息。

图 8-10　详情页短视频示例

为了发布宝贝详情页的短视频，运营者首先要订购一个视频服务，如"淘宝视频服务"，在服务市场中搜索该应用并购买，如图8-11所示。然后将视频上传到多媒体中心，接下来就可以发布新宝贝或者编辑已有的宝贝，在装修页面中选择已上传的视频即可。

图 8-11 购买淘宝视频服务

8.2.3 参与好货栏目，通过内容引流

除了上面 3 个基本的短视频发布渠道，短视频运营者还可以借用达人的内容渠道来传播短视频，从而达到为商品引流的目的。通过短视频，实现"人货场"的精准匹配，"人"就是消费者，"货"就是商品，"场"就是淘宝的各个应用场景，包括有好货、每日好店、淘宝头条、必买清单以及爱逛街等。

其中，有好货的短视频类型以单品展现为主，时长通常在 9 ~ 30 秒，只能展示一个商品 SKU（Stock Keeping Unit，库存量单位）。有好货的店铺要求和重点类目如图 8-12 所示。

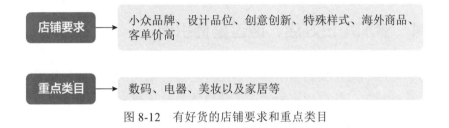

图 8-12 有好货的店铺要求和重点类目

有好货的短视频内容主要包括两个方面，即商品的特色和功能。同时，

内容必须简约，能够在短时间内传达出产品最大的卖点。

图 8-13 所示是有好货的手机短视频截图，其内容主要描述了产品折叠设计、双屏概念等优势，配合真人演示的使用场景，增强了消费者的代入感，使其对产品更加心动。

图 8-13　有好货的手机短视频截图

在淘宝开店的短视频运营者，必须努力打通优质短视频从私域到公域的流转链路。私域流量就是指店铺的微淘、直播、搜索页等沉淀的流量，而公域流量的范围则非常广，不仅包括直通车和钻展等付费流量，还包括爱逛街、有好货等垂直频道的流量。打通了从私域到公域的流转链路，商家就可以通过这些公域渠道极大地增加短视频的曝光机会。

8.2.4　参加每日好店，通过剧情引流

每日好店的短视频类型主要包括剧情类短视频或轻剧情类短视频，内容可以是店铺故事、品牌故事或者店主故事等，时长通常在 3 分钟以内，可以展示 1～6 个商品，如图 8-14 所示。每日好店的店铺要求为原创设计、小众好牌、手艺匠人、魅力店主、范畴专业、资深买手。

对于短视频内容来说，每个细分垂直领域里的流量都是非常精准的。例

如，经常去浏览每日好店的"复古风"分类的用户基本都是喜欢复古风服饰的，他们购买产品的可能性非常大，如图 8-15 所示。因此，商家一定要学会通过淘宝短视频渠道来"圈"粉丝，打造 IP，这样不但可以摆脱平台的限制，还可以多平台做内容运营。

图 8-14　每日好店短视频

图 8-15　每日好店的垂直分类

8.2.5　精选淘宝头条，通过社区引流

淘宝未来的发展方向是"内容化＋社区化＋本地生活服务"，在这一方向的驱动下，淘宝推出了"淘宝头条"平台（又称"淘头条"）。

"淘宝头条"设置了精选、头条、资讯、数码、汽车、美食以及问答等板块，每个板块下面分别设置不同类目的内容资讯，资讯中可以添加产品链接，不过要注意的是，链接必须是淘宝系的。

除了在各种频道栏目中穿插短视频，淘宝头条还专门推出了"视频"频道，来聚合短视频流量，如图 8-16 所示。

图 8-16　淘宝头条的"视频"频道和短视频界面

淘宝头条的短视频主要展示各种商品资讯，一条短视频的时长通常在 3 分钟以内，可以展示 1～6 个商品。"淘宝头条"的短视频内容运营者的收益情况也比较可观，一篇淘宝头条热读文章可以给发布者带来 10 多万元的佣金收益。

▶专家提醒

淘宝短视频与其他短视频平台的主要区别在于，淘宝的短视频内容并不是以娱乐或资讯为主，而是基于商品空间里的内容，即"商品就是内容"，并在此基础上融入其他元素和场景，来让短视频内容变得更加精彩。

8.3 利用三大推广渠道，实现站外引流

除了将短视频投放到淘宝的内部平台，"抖商"还可以将其分享到其他的社交渠道或者新媒体渠道。本节专门介绍 3 种典型的推广渠道，并简单介绍推广的大致流程，以供"抖商"在推广短视频过程中借鉴和参考。

8.3.1　利用微信平台，通过群聊分享

最理想和最精准的社交媒体投放渠道莫过于微信群，相信每一个"抖商"都有自己的微信群，而且会针对不同的商品类目创建多个微信群，通过短视频来实现商品信息与消费者需求的精准对接。

下面介绍将短视频分享到微信群引流的操作方法。

步骤 1 登录微信后，选择一个要分享短视频的群，进入聊天界面，点击右下的"+"按钮，如图 8-17 所示。

步骤 2 弹出操作菜单，点击"相册"按钮，如图 8-18 所示。

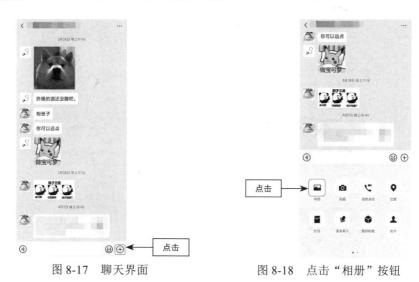

图 8-17　聊天界面　　　　图 8-18　点击"相册"按钮

步骤 3 进入手机相册，选择要分享的短视频文件，点击"发送"按钮。执行

操作后，即可将短视频发送到该微信群内，如图 8-19 所示。

步骤4 群内的用户点击该短视频，即可查看具体的内容，如图 8-20 所示。

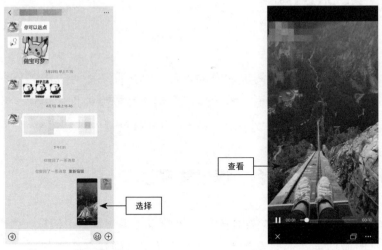

图 8-19　发送短视频　　　　　　　图 8-20　查看短视频

8.3.2　通过今日头条，发布引流短视频

用今日头条发布短视频引流的具体方法如下。

步骤1 在主界面中点击右上角的"发布"按钮，如图 8-21 所示。

步骤2 进入"草稿箱"界面，点击"视频"按钮，如图 8-22 所示。

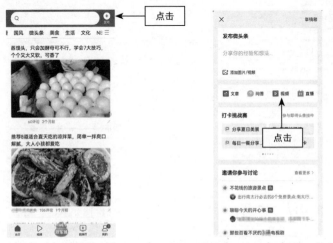

图 8-21　点击"发布"按钮　　　　图 8-22　点击"视频"按钮

步骤 ③ 在手机相册中选择要发布的短视频，如图 8-23 所示。

步骤 ④ 进入相应界面，在此可以调整视频音量、录制语音旁白以及匹配背景音乐，如图 8-24 所示。

图 8-23　选择短视频

图 8-24　剪辑视频

步骤 ⑤ 点击"下一步"按钮，进入发布界面，点击"＋添加封面"按钮，如图 8-25 所示。

步骤 ⑥ 进入"编辑封面"界面，❶在下方可以滑动选择封面图；❷点击"去制作"按钮，如图 8-26 所示。

图 8-25　点击"添加封面"按钮

图 8-26　点击"去制作"按钮

步骤7 进入"制作封面"界面,在下方可以根据需要对封面进行裁剪、美化以及添加文字等操作,点击"完成"按钮,如图8-27所示。

步骤8 返回发布界面,❶输入标题;❷点击"发布"按钮,即可发布短视频,如图8-28所示。

图 8-27 点击"完成"按钮

图 8-28 发布短视频

8.3.3 利用快手短视频,实现优质引流

快手平台上的短视频内容大多是以幽默搞笑和生活窍门为主,其中也不乏一些商业广告。拍摄制作这些商业性短视频时,创作者在拍摄、处理、分享等问题上都花费了不少的心思,因为这些都是影响短视频传播范围和传播效果的重要因素。

打开并登录快手App,点击右上角的相机图标 ,进入拍摄界面,点击底部的"相册"按钮,选择要发布的短视频文件,对短视频进行剪辑操作。然后进入短视频处理界面,可以给短视频添加滤镜、背景乐、文字和贴纸等,以增强短视频表现效果,如图8-29所示。

点击"下一步"按钮,进入发布界面,可以输入短视频的简介,设置浏览权限,以及同时将短视频分享到微信朋友圈、微信好友、QQ好友、QQ空间以及私信好友等社交圈中。

图 8-29　快手短视频处理界面

　　点击"个性化设置"按钮，在此界面可以开启"允许使用我的作品原声"和"允许别人跟我拍同框"功能，并且可以根据需要选择推荐人群，同时允许用户下载作品，以便短视频被分享和传播，从而获得更多曝光量，如图 8-30所示。完成设置后返回发布界面，点击"发布"按钮，即可完成短视频的发布操作。

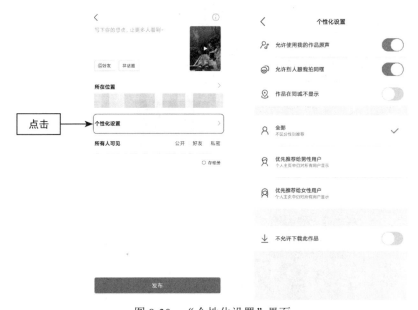

图 8-30　"个性化设置"界面

另外，快手有不同的版块，如同城、热门等，利用好这些版块也能吸引到更精准的流量。同时，"抖商"还需要多与自己的快手粉丝互动，与快手红人互推。总之，只有在实践中不断摸索，坚持不懈，才能创造出自己的一片天地。

8.3.4 实现流量转移，推动网店成交

短视频运营的最终目的就是把流量变成现金，运营者除了可以通过微信沉淀粉丝，还可以直接将流量转移到自己的网店来达成交易。首先通过引流，把客户带入店铺中；然后通过提升转化率，让进店的人买东西；最后通过增强用户黏度，让买过东西的人以后还会经常来买，从而获取长期收益，具体内容介绍如下。

1. 引导流量

目前，抖音、今日头条和快手等平台都可以直接实现店铺导流，甚至可以让用户"边看边买"，商家由此实现快速变现。

例如，"快手小店"就可以直接上架推广有赞商品，主播申请开店后，快手作品区域将展示商品，商品来源于合作的有赞商家店铺，如图8-31所示。主播可直接引导粉丝查看推荐商品，快手用户可直接购买。

图 8-31　快手小店转移短视频流量达成交易

2. 提升转化率

高转化率是所有电商业务的核心，也是 SEO 优化、品牌营销、广告投放的最终目标。转化率高意味着流量最终转化为订单的概率高，"抖商"盈利的机会增多。

决定网店成交的因素包括网页内容结构、商品价格、商品品牌、整店商品结构、信用度、老客户认可度、物流费用、推广力度以及客服素质等。要提升店铺的转化率，可以针对这些因素做优化。

3. 增强用户黏度

增强用户黏度的主要目的是提高客户的复购率，最大限度挖掘每一个客户的价值，打造优质"超级用户"。运营者除了要坚持发布优质短视频引流，还要有明确的定位和品牌意识，创造"爆款"，为这些"超级用户"带来更好的产品和服务，持续为他们带来价值，这样才能留住"超级用户"，构建自己的流量池。

/第/9/章/

直播广告变现，边播边赚钱

学前提示

为什么要通过短视频平台做电商？对于这个问题，大部分运营者的回答可能都是想赚取一桶金。那么，要如何变现赚取一桶金呢？

这一章笔者就从广告变现、短视频变现和直播变现等方面分析，以快速提高运营者的变现能力。

要点展示

- 常用植入广告，五大类型分析
- 广告合作变现，具体流程分析
- 带货视频广告，六大技巧分析
- 电商直播变现，主要方式分析

9.1 常用植入广告，五大类型分析

不管是传统媒体还是新媒体，它们最常用的宣传推广手段基本都是广告。比如，以前受众非常广的报纸、杂志、电视台，现在新兴的互联网平台、短视频自媒体等，它们都会为一些品牌商和广告主发布广告，进行商品推广。

那么，本节就来讲讲比较常用的广告植入类型有哪些，它们的优势和劣势分别是什么。

9.1.1 品牌贴片广告，优势极其明显

贴片广告是通过展示品牌来吸引大众注意的一种比较直观的广告变现方式，一般出现在片头或者片尾，紧贴着短视频内容。图 9-1 为 OPPO 手机的贴片广告案例，可以看到其品牌的 LOGO（标识）一目了然。

图 9-1　贴片广告

这种贴片广告一般会放在广告的末尾，出现在广告快要结束的时候停留几秒的画面中，这种短视频广告是用得最多的。

贴片广告的优势有很多，这也是它比其他广告形式更容易受到广告主青

睐的原因，具体包括：

（1）信息明确：引导用户观看短视频内容。

（2）传递高效：以多样化形式高效传递更为丰富的信息。

（3）互动性强：由于形式生动立体，因而互动性更强。

（4）成本较低：不需要投入过多的经费，却能获得较高的播放率。

（5）可抗干扰：广告与内容之间不会插播其他无关内容。

9.1.2　品牌植入广告，内容独具创意

在短视频中植入广告，即把短视频内容与广告结合起来，一般有两种形式：一种是硬性植入，即不加任何修饰地把广告硬生生植入短视频之中；另一种是创意植入，即将短视频的内容、情节很好地与广告的理念融合在一起，不露痕迹，让观众不容易察觉。比较而言，很多人认为第二种创意植入的方式效果更好，而且观众的接受程度更高。

图9-2所示为抖音的宣传广告。抖音的口号是"记录美好生活"，意思是我们可以通过抖音记录生活的点点滴滴。比如，我们可以在飞船中通过抖音和孩子联系，或者可在野外拍摄掠过蓝天的鸟群。而广告中宣传的内容也都是跟这个口号有关的。

图9-2　抖音的宣传广告

再比如，图9-3所示为快手短视频平台的宣传广告，它的口号是"快手短视频　记录世界　记录你"，主要宣传的就是快手具有随时随地、想拍就拍的分享功能，而这个宣传广告的内容也是围绕平台的这个口号来做的。

图9-3 快手的宣传广告

在短视频领域，广告植入方式除了可以从"硬"广和"软"广的角度划分，还可以分为台词植入、剧情植入、场景植入、道具植入、奖品植入以及音效植入等，具体介绍如图9-4所示。

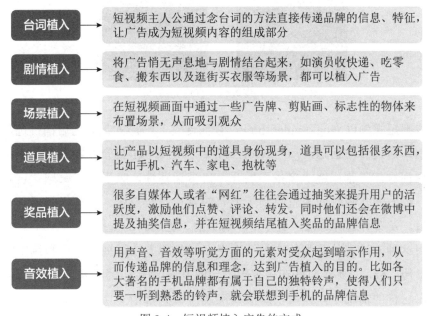

台词植入	短视频主人公通过念台词的方法直接传递品牌的信息、特征，让广告成为短视频内容的组成部分
剧情植入	将广告悄无声息地与剧情结合起来，如演员收快递、吃零食、搬东西以及逛街买衣服等场景，都可以植入广告
场景植入	在短视频画面中通过一些广告牌、剪贴画、标志性的物体来布置场景，从而吸引观众
道具植入	让产品以短视频中的道具身份现身，道具可以包括很多东西，比如手机、汽车、家电、抱枕等
奖品植入	很多自媒体人或者"网红"往往会通过抽奖来提升用户的活跃度，激励他们点赞、评论、转发。同时他们还会在微博中提及抽奖信息，并在短视频结尾植入奖品的品牌信息
音效植入	用声音、音效等听觉方面的元素对受众起到暗示作用，从而传递品牌的信息和理念，达到广告植入的目的。比如各大著名的手机品牌都有属于自己的独特铃声，使得人们只要一听到熟悉的铃声，就会联想到手机的品牌信息

图9-4 短视频植入广告的方式

9.1.3 品牌专属广告，量身精心定制

品牌广告的意思就是以品牌为中心，为品牌和企业量身定做的专属广告。这种广告从品牌自身出发，完全为传达企业的品牌文化、理念服务，致力于打造更为自然、生动的广告内容。这样的广告变现更为高效，因此其制作费

用也比较昂贵。

以抖音达人围绕"真皮数码"打造的一则短视频广告为例，如图9-5所示。广告发布者直接将其抖音IP名字改为其京东店铺的名字，以此来为自家店铺引流。

图9-5　"真皮数码"打造的品牌广告

这则短视频以vlog（video blog，视频博客）的形式记录为店铺挑选新品的过程，通过参与话题活动"#vlog日常""#11·11抖音好物发现节"，使整个短视频广告都围绕"穿搭"展开，自带话题性，吸引用户眼球。这则短视频一经发布，短时间内就收到了上万的抖音用户点赞。当短视频展示一段时间后，发布者适时地植入引导用户购买的、更清晰的链接。

用这种方法宣传品牌的广告还有很多，品牌方在短视频平台和淘宝都会发布宣传广告，只不过有些在短视频平台的IP和淘宝店铺的名字是不一样的。

在这样的情况下，让用户购买和实现短视频营销变现也就更容易了。由此可见，品牌广告的变现是相当高效的，比其他形式的广告针对性更强，受众的指向性也更加明确。

9.1.4　内容冠名广告，双方变现共赢

冠名商广告，顾名思义就是在节目内容中提到名称的广告。这种打广告的方式比较直接，相对而言较生硬。其主要的表现形式有3种，即：

（1）片头标板：节目开始前出现"本节目由××冠名播出"。

（2）主持人口播：每次节目开始时说"欢迎大家来到××"。

（3）片尾字幕鸣谢：出现企业名称、LOGO（标识）、"特别鸣谢××"。

在短视频中，冠名商广告同样也比较活跃：一方面企业可以通过资深的自媒体人（或"网红"）发布的短视频打响品牌、树立形象，吸引更多忠实客户；另一方面短视频平台和自媒体人（或"网红"）可以从广告商方面获得赞助，双方成功实现变现。

图9-6所示为一个比较火的综艺节目，它的冠名商是冠益乳，节目播放前，画面中直接插播广告，表明节目冠名商。

图9-6　冠名商广告示例1

再比如，另外一个比较火的综艺叫《天赐的声音》，它的冠名商是金典牛奶，节目给冠名商打广告的方式是直接在采访人物旁边放产品或者直接在节目布景中四处安插商品LOGO（标识），如图9-7所示。这种冠名商广告非常多，在电视上应用得非常广泛，大多是以电视节目或者视频的方式呈现给大众的。

图9-7　冠名商广告示例2

需要注意的是，冠名商广告在短视频领域的应用还不是很广泛，原因有两点：一是需要投入的资金比较多，因此在选择投放平台和节目的时候会比较慎重；二是很多有人气、有影响力的短视频自媒体人不愿意将冠名商广告放在片头，而是放在片尾，目的是不影响自己的短视频品牌。

9.1.5　视频浮窗广告，有利也有弊

浮窗 LOGO 也是广告形式的一种，即在视频播放过程中悬挂在画面角落的标识。

这种形式的广告在电视节目中经常可以见到，如图 9-8 所示的某综艺的例子，画面右下角是冠益乳品牌的浮窗广告。这种形式在短视频领域应用得比较少。

图 9-8　某综艺的浮窗 LOGO（标识）

以开设在浙江卫视的综艺节目《王牌对王牌》为例，由于 UC 公司为这个综艺节目提供了赞助，因此视频节目的右上角设置了浮窗 LOGO（标识），如图 9-9 所示。LOGO（标识）和节目名字组合在一起，并没有影响整体的视觉效果。

图 9-9　《王牌对王牌》的浮窗 LOGO（标识）

浮窗 LOGO（标识）是一种形式巧妙的广告，同样它也是兼具优缺点的。那么具体来说，它的优点和缺点分别是什么呢？如图 9-10 所示。

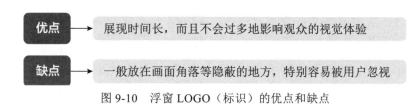

图 9-10　浮窗 LOGO（标识）的优点和缺点

由此可见，浮窗 LOGO（标识）的优点也是它的缺点，但总的来说，它不失为一种有效的变现方式。自媒体人或者"网红"如果想通过广告变现获得收益，不妨试试这一利弊兼具的方式。

9.2　广告合作变现，具体流程分析

移动互联网时代，数以亿计的用户成为移动互联网用户，为他们带来了巨大的用户红利，在此基础上，短视频市场呈爆发式扩大。如今，短视频的商业变现模式已经基本成熟，其中广告的变现能力首屈一指，成为主流变现方式，适用于 90% 以上的短视频运营团队。

所以，对于短视频运营者来说，越早制定你的广告变现逻辑和产品线，就越有机会获得广大品牌主的青睐。

9.2.1　短视频广告合作，涉及3种主要角色

短视频运营者想通过短视频广告来赚钱，就必须清楚广告合作的基本组成角色和流程。短视频广告合作中所涉及的角色主要包括广告主、广告代理公司以及短视频创作团队。

1. 广告主

广告主就是品牌、企业或者商家等有推广需求的人或组织，是广告活动的发布者，或者是销售或宣传自己产品和服务的商家，同时也可能是联盟营销广告的提供者。通俗点说，广告主就是出钱做广告的人。

近年来，视频移动化、资讯视频化以及视频社交化趋势加速了移动短视频的井喷式爆发，同时也让流量从 PC 端大量流入移动端。短视频广告不仅投入成本比传统广告更低，而且覆盖人群也更加精准，同时植入产品的成长性更强，可以有效触达品牌受众。因此，为品牌定制短视频广告，成了广告主采购时的标配。

例如，法国娇韵诗品牌在抖音上发起"PK 我的 18 岁"挑战，如图 9-11 所示。

图 9-11 法国娇韵诗品牌的短视频广告

（1）智能技术定制。娇韵诗品牌联合抖音制作魔力控水创意贴纸，邀请各种类型的抖音达人如张欣尧、露啦嘞、Rita 姐 _ 白彦翱等，通过各种魔术般的炫酷技术、转场和效果对比等，在不同场景下，充分演绎产品超强控水的特性。

（2）挑战赛。通过挑战赛话题的圈层传播，吸引更多用户参与，并有效将用户引导至天猫旗舰店，形成流量转化。

据悉，"PK 我的 18 岁"挑战赛话题上传的短视频多达 6300 多条，获得 1.5 亿次的播放量和超过 1300 万的点赞量。

2. 广告代理公司

广告代理公司扮演了一个非常专业的角色，它们能够为广告主提供定制化的全流程广告代理服务，同时拥有更多的广告渠道资源和达人资源，能够制作精美的、贴合品牌调性的短视频广告。

但是，在短视频广告变现流程中，广告代理公司的角色是可有可无的，因为广告主可以直接和达人对接，从而节省大量的广告费用，同时达人也能够获得更多收益。

尽管如此，很多大型企业和大品牌仍然会选择与广告代理公司合作，不仅仅因为它们拥有渠道和资源优势，也因为它们的渠道管理能力和视觉包装能力是小团队不能比的。广告代理公司通常会实行集中化和标准化运作，在整体规划下进行专业化分工，使复杂的短视频广告业务简单化，以提高经营效益。

3. 短视频创作团队

短视频创作团队是短视频广告变现的"落地者"，他们肩负了策划拍摄、内容制作、后期剪辑等一系列短视频创作工作，对短视频广告的传播和转化产生直接影响。

短视频团队不仅要为广告主拍摄广告短视频，也要为粉丝提供优质内容，这样才能吸引粉丝关注和参与，毕竟内容才是短视频制作的根基。而这些被内容吸引过来的粉丝，就是短视频创作团队的财富。短视频创作团队只有转变传统的广告思维，注重内容，注重用户体验，才能将粉丝的痛点和广告主的宣传需求完美结合起来，打造出高转化的短视频广告作品。

除了"一条""二更"和"三感"，还有六点半团队（代表作《陈翔六点半》）、罐头场（代表作《日食记》）、即刻视频（代表作《使馆主厨》）、罐头视频（代表作《罐头小厨》）、蜂群影视（代表作《一杯》《我的前任是极品》）等短视频创作团队，其收入占行业的90%。

例如，蜂群影视团队如今已扩张到500多人，围绕泛生活领域打造强大的短视频矩阵，短视频内容涉及"一杯""麦馆""汤店"等美食类，"那些不敢说的秘密""小学生看世界"等泛娱乐类，以及金融理财类和英语教育类等，如图9-12所示。

图 9-12　蜂群影视团队的头部 IP

9.2.2　短视频广告合作，变现流程分析

在短视频领域中，对于那些拥有众多粉丝的账号和达人来说，广告是最简单直接的变现方式，他们只需在自己的账号或短视频内容中植入广告主的广告，即可获得一笔不菲的收入。

1.短视频广告合作的变现方式

广告变现是短视频盈利的常用方法，也是比较高效的一种变现模式。短视频平台的广告形式可以分为很多种，比如冠名广告、浮窗 LOGO（标识）、植入广告、贴片广告以及品牌广告等。创意植入广告可以说是短视频创作者快速、直接的变现手段。

当然，值得注意的是，各大短视频平台运营水平参差不齐，极大地影响了变现的效果。那么，究竟怎样的运营方式才能实现广告变现呢？

笔者认为，一是要有一定的人气基础，二是植入广告的内容要优质，如此才能达到广告变现的理想效果。下面分别介绍短视频平台常见的广告变现方式，如图 9-13 所示。

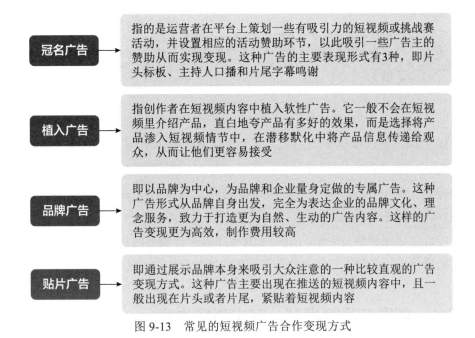

图 9-13　常见的短视频广告合作变现方式

例如，"一条"推送的以短视频为主的内容一般都是把内容与品牌信息结合在一起，是软性的广告植入，不会太生硬，而且能够有效地传递品牌理念，增强用户的信任感和依赖感，这是利用短视频广告变现的一种有效方式。

2.短视频广告合作的基本流程

短视频广告合作的基本流程如图 9-14 所示。

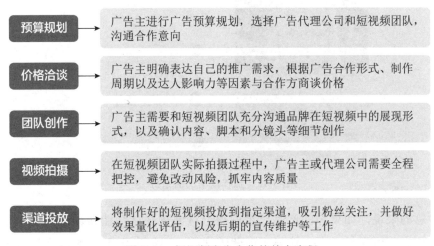

图 9-14　短视频广告合作的基本流程

9.3 带货视频广告，六大技巧分析

短视频之所以能够如此火爆，是由于其拥有强大的社交传播能力和广告带货能力。而这两个能力的大小，又是由短视频自身的平台基因和用户的状态决定的，如用户在刷抖音时若处于放松或无意识的状态，就非常容易被动接受广告主的植入信息。

因此，短视频运营者要拍出一个具有广告带货能力的短视频，还需要掌握一些拍摄技巧，将广告巧妙地植入，让用户愿意看完这个至少 15 秒的短视频。

9.3.1 创意产品短视频，突出奇特功能

如果你的产品本身就很有趣味和创意，或者自带话题，那就不需要绕弯子，可以直接用快手来展示产品的奇特功能。图 9-15 中为一款操作简单的面条机，用户只需要将面粉和水按照一定比例倒入，机器即可自动吐出面条。

图 9-15　操作简单的面条机

总的来说，如果你的产品已经做得很有创意并且功能新颖，方便随时展示，那么可以在抖音上直接展示做营销推广。例如讯飞语记 App 在抖音上直

接展示了其重要功能：将语音转化为图片。

这种营销方法非常适合电商，尤其是一些用法比较独特的商品，比如给厌食的宝宝做好玩饭团的工具、手机壳和自拍杆融为一体的"聚会神器"、会跳舞的太阳花等爆款，都是通过短视频让产品成为热销品的。

很多新品上市的时候都会展示和强调自己的卖点。抖音上有很多达人，他们有自己独特的风格，能把产品的卖点充分展现出来。企业可以找适合自己的达人合作，从而更好地展示产品卖点。

9.3.2　放大产品优势，加深用户印象

那么，一些功能没有太多亮点的产品怎么办呢？可以就产品的某个或某几个独有的特征，尝试用夸张的方式呈现，以便于受众记忆。

其实原理与上一节介绍的方法本质相同，都是展示产品本身，不同之处在于"展示奇特功能"只是简单地展示该功能本身的奇特之处，而"放大优势"则是在已有功能基础上进行创意表现。

例如，市面上新出了一种智能打印机，为了宣传这种智能打印机的优势，厂商发布了一个很有趣的短视频。该短视频展示这种智能打印机支持蓝牙无线连接、手机一键打印，其主要特点有高清打印、永不褪色、耗材便宜、便于携带，如图9-16所示。

图9-16　用夸张的手法展现产品特色

整个宣传短视频都是以一种夸张的手法在表现，这个短视频的目的就是让人们觉得这种智能打印机很奇特，想了解这种智能打印机，甚至产生强烈的购买意愿。

9.3.3　根据产品特点，策划相关段子

短视频运营者在策划广告内容时，可以围绕产品本身的功能和特点，结合创意段子，对常见的产品功能进行重新演绎，打造形式新颖的短视频内容。

如巴黎欧莱雅在抖音上发布的话题挑战——欧莱雅小钢笔胡萝卜妆挑战赛，衍生出了很多花样，比如边涂口红边运镜，涂完之后加上抖音特效等，吸引了大量用户大开脑洞地去创新跟拍，将平凡的生活玩出新意。

垂直类账号进行广告变现更加容易，账号的垂直细分程度越高，粉丝价值和广告价格也就越高。如美妆、测评类账号，只要有 10 多万粉丝，即可开始接广告变现。不过，这些粉丝必须是抖音平台的站内粉丝，不包括头条号、火山小视频等其他头条系产品自带的粉丝。

9.3.4　知识干货类短视频，内容应专业又接地气

知识干货类内容在短视频平台上非常受欢迎，因为这类短视频讲解清晰，粉丝用很短的时间即可掌握知识，所以大家都乐于点赞和分享。例如，严伯钧在抖音上经常分享一些干货，在短视频中他会用相对浅显的语言将复杂的理论讲解给大家听，如图 9-17 所示。

观众们希望通过观看知识干货类短视频内容，学到一些具有实用性和技巧性的生活常识和操作技巧，从而帮助自己解决平时遇到的一些疑问和难题。这就要求创作者要去创作专业、接地气的短视频内容，给粉丝带来实实在在的经验分享。

图 9-17　严伯钧的干货小视频

9.3.5　场景植入手段，悄然露出品牌

所谓的场景植入很容易理解，它就像电视剧或者电影画面中，人物角色的背景中出现的广告或产品。所以，场景植入可以理解为在拍一个搞笑或者娱乐类的短视频时，在人物的旁边出现一个要宣传的产品或者产品 LOGO（标识）等，这样也可以起到宣传作用。

场景植入有点像传统广告的植入，就是在短视频的场景中进行恰当的品牌展露，让观众记住该品牌。比如，在一个生活小窍门或某个搞笑片段的场景中悄悄做了植入——如桌角放产品、背后有品牌 LOGO（标识）或者背景有广告声音等，这样依然能达到很好的宣传效果。

如图 9-18 所示，"网红"papi 酱在抖音短视频平台发布短视频的同时给阿迪达斯和 OPPO 做植入广告，但是她的短视频文案中并没有刻意提到这两个品牌，而是通过娱乐的短视频内容，以场景植入的方式带入产品。

在这个短视频中，papi 酱穿了阿迪达斯的衣服，拿着 OPPO 手机对着镜子拍照，其场景是今天买了新衣服，要拍照发朋友圈。不管是在详情区，还是在字幕区，甚至在短视频场景中，除了有产品，没有任何提示这是个广告植入视频。如果是粗心的人，可能就不会发现这两个品牌了。

很明显，这种方法是将产品以娱乐的方式呈现在大众面前，不仅能增强其品牌的代入感，而且相比常见的"硬广告"，让观看的用户更容易接受。

图 9-18　场景植入广告示例

9.3.6　提升用户体验，展示产品口碑

产品好不好，不一定要企业自己来说，企业完全可以在抖音上展示用户体验和产品口碑，从侧面体现产品销售的火爆。为了更好地展示产品口碑，企业可以在抖音中展示消费者排队抢购、消费者的笑脸、与消费者合作的尬舞以及被消费者打爆预约电话等场景画面。

例如，海底捞就利用短视频做口碑营销。它发布的短视频中经常出现店门口排队场景以及排队的消费者们的笑脸等，目的就是展示口碑。

如果运营者希望自己的短视频播放量、点赞数较多，可以通过这种形式展现：封面一定要会借力，标题要写得有吸引力。做到这些，相信你的作品会很快火爆起来。但切记：视频中不得含有任何负面内容！

9.4 电商直播变现，主要方式分析

现在电商直播卖货也是非常有效的一种短视频变现方式。只要你的作品上热门了，你就要抓住机会开直播卖货。对你感兴趣的人会源源不断地进入直播间，听你推荐产品。

9.4.1 直播变现手段，两大主要技巧

那些有直播技能的主播最主要的变现方式就是通过直播来赚钱。直播变现主要有两种形式，一是获取粉丝礼物，二是引导粉丝购买产品。下面，笔者就分别进行说明。

1. 获取粉丝礼物

粉丝在观看主播直播的过程中，可以在直播平台上充值购买各种虚拟的礼物，在主播的引导或自愿的情况下送礼物给主播，而主播则可以从中获得一定比例的提成以及其他收入。

这种变现方式要求人物 IP 具备一定的语言和表演才能，而且要有一定的特点或人格魅力，能够将粉丝牢牢地"锁在"直播间，而且还能够让他们主动为主播花费钱财购买虚拟礼物。

直播在许多人看来就是在玩，毕竟大多数直播都只是一种娱乐行为。但是，不可否认的一点是，只要玩得好，玩着就能把钱赚了。因为主播们可以通过直播获得粉丝的打赏，而打赏的这些礼物又可以直接兑换成钱。

当然，要获得礼物，玩着就把钱赚了，首先需要主播拥有一定的人气。这就要求主播自身要有某些过人之处，只有这样，才能快速积累粉丝数量。

其次，在直播过程中，还需要一些所谓的"水军"进行帮衬。图 9-19 所示为粉丝给主播送礼物的相关界面，可以看到在画面中粉丝都是扎堆送礼物的。之所以会出现这种情况，"水军"功不可没。

图 9-19 粉丝给主播送礼物的相关界面

很多时候人都有从众心理，如果有"水军"带头给主播送礼物，那么其他人也会跟着送。这样就在直播间形成了一种氛围，让看直播的其他受众在压力之下，因为觉得不好意思，或是觉得不能白看，也跟着送礼物。

2. 引导粉丝购买产品

通过直播，主播可以获得一定的关注。如果短视频运营者能够利用这些流量进行产品销售，让受众边看边买，就会直接将主播的粉丝变成店铺的潜在消费者。而且相较于传统的图文营销，这种直播导购的方式可以让用户更直观地把握产品，其取得的营销效果往往也要好一些。

一场成功的购物直播是需要刻意策划的。关于直播前的准备，大致可以从以下 3 个方面去做。

一是提前做好内容策划，也就是你这次直播的主题。主题要与你的商品相关，也可以结合节日热点来策划。总之你要让别人知道这次直播的目的是什么，以及能给别人带来什么好处。

二是预热和物料准备。确定了直播主题之后，有经验的主播会在正式直播卖货前进行预热，因为预热对直播转化的促成效果十分明显。

这里的预热分为短视频预热和活动预热。短视频预热就是提前拍摄一些与产品相关的短视频做预告。例如，拍摄你挑选带货产品的全过程，也可以拍摄该商品的生产过程，甚至你和商家砍价的过程。然后就是活动预热，你发完短视频后，可以在评论区引导用户互动，提前把产品免费送给点赞最多的粉丝，待签名或者直播的时候提前告知直播卖货时间。

另外，在直播前期除了要布置直播背景和准备商品链接，还要准备好展示商品所用的道具，提前了解商品底价清单和库存数量。在准备前，可以拉一个清单，完成一项打一个钩，避免遗漏。

三是熟知商品信息。直播卖货的本质是卖货，即便粉丝对你再信任，可是你所推的商品没有对方需要的价值和卖点，那你就算喊破喉咙也卖不动。所以，大家在直播前一定要了解商品的所有可能打动粉丝的信息，除了商品的价值和卖点，还可以挖掘商品背后的故事。

举个例子，你卖的是一款粉底液，那么直播的时候就可以告诉大家你是怎么发现这款粉底液的，以及你使用这款粉底液前后的感觉等。有时候讲故事比直接讲卖点更能打动人心，当然两者最好结合起来。

图 9-20 所示为某购物直播的相关界面，受众在观看直播时只需点击下方的 按钮，即可在弹出的菜单栏中看到直播销售的商品。点击"去看看"按钮，即可跳转至购买界面。

图 9-20　某购物直播的相关界面

进入商品购买界面之后即可选购商品，如图 9-21 所示。

图 9-21　某商品的详情和选购界面

除了平时直播，只要你的作品上热门了，你就要抓住机会开直播卖货，因为这个时候会有源源不断的对你感兴趣的人进入直播间听你推荐产品。

当然，你选择的产品也需要进入短视频平台内容库，而且要与你直播链接的商品保持一致，否则就会引发平台的警告，毕竟平台要对商品的质量负责。

9.4.2　直播卖货原则，突出3个重点

在直播卖货时，主播需要遵循一定的原则，具体如下。

1. 热情主动

同样的商品，为什么有的主播卖不动，有的主播简单几句话就能获得大量订单？当然，这与主播自身的流量有一定的关系。但即便是流量差不多的主播，卖同样的商品，销量也可能会出现较大的差距，这很可能与主播的态度有关。

如果主播热情主动地与用户沟通，让用户觉得主播像朋友一样亲切，用户自然愿意购买产品；反之，如果主播对用户爱搭不理，让用户觉得自己被忽视了，那么用户可能连直播都不太想看，更不用说去购买产品了。

2. 保持一定的直播频率

俗话说得好："习惯成自然。"如果主播能够保持一定的直播频率，那么忠实的用户便会养成定期观看的习惯。这样，主播将获得越来越多的忠实用户，而用户贡献的购买力自然也会变得越来越强。

3. 为用户谋利

每个人都会考虑到自身的利益，抖音用户也是如此。如果主播能够为用户谋利，用户就会支持你，为你贡献购买力。

例如，李佳琦曾经因为某品牌给他的产品价格不是最低的，导致粉丝们买贵了，向粉丝们道歉，并让他们退货。此后，他主动停止了与该品牌的合作。虽然李佳琦此举让自己蒙受了一定的损失，但是他让粉丝们看到了他为粉丝谋利的诚意，于是他之后的直播获得了更多粉丝的支持。

当然，为用户谋利并不是一味地损失主播自身的利益，而是在兼顾自身利益的情况下，让用户以更加优惠的价格购买产品，让用户看到你在为他们考虑。

9.4.3 运用直播技巧，抓住观众心理

直播卖货要做的不只是将产品挂上链接，并将产品展示给用户，还要通过一定的技巧，提高用户的购买欲望。那么，直播卖货有哪些技巧呢？主播们可以从以下 3 个方面考虑。

1. 不要太贪心

虽然产品的销量和礼物的数量与主播的收入直接相关，但是主播也不能太过贪心，不能为了多赚一点钱就把用户当作"韭菜"来割。毕竟谁都不傻，当你把用户当"韭菜"时，也就意味着你会损失一批忠实的粉丝。

2. 积极与用户互动

无论是买东西，还是刷礼物，用户都会有自己的考虑。如果主播所做的达不到他们的心理预期，用户很可能不会再掏钱。那么，如何达到用户的

心理预期呢？其中一种比较有效的方法就是通过与用户互动，一步步地进行引导。

3. 现身说法

对于自己销售的产品，主播最好在直播过程中将使用过程展示给用户，并将使用过程中的良好感受分享给用户。这样，用户在看直播的过程中，就会对主播多一份信任感，从而更愿意购买主播推荐的产品。

9.4.4　做好必要准备，确保万无一失

一场卖货直播之所以能够获得成功，一定是与前期的准备有很大关系的。在直播之前，主播必须做好 3 个方面的必要准备，具体如下。

1. 了解直播的内容

在直播之前，主播必须要对直播的具体内容进行充分了解，做到对直播的内容及相关注意事项烂熟于心。不然，主播很可能会在直播过程中被用户问得哑口无言，直接影响直播效果。

2. 物料的准备

在直播之前，主播需要根据直播的内容对物料进行检查，看看产品的相关样品是否到位。如果有缺少的东西，要及时告知工作人员，不要等到要用时才发现东西没有到位。

3. 熟悉产品卖点

每款产品都有它的卖点，主播需要充分了解产品的卖点。产品的卖点是打动用户的重要砝码，只有你宣传的卖点是用户需要的，用户才会愿意购买你的产品。因此，主播也可以在直播之前先使用一下产品，并据此提炼出一些能打动用户的卖点。

4. 做好直播预热

在正式开始直播之前，主播可能需要先做一个短期的预热。在此过程中，

主播需要用简短的话语勾起用户看直播的兴趣。如果有必要，可以根据直播内容制造一些神秘感。

9.4.5 提升排行技巧，获取大量关注

抖音平台会根据直播的音浪（所谓音浪就是抖音粉丝刷的礼物在抖音直播中的价值）排一个小时榜。抖音用户只要进入直播间，就可以看到该直播的小时榜排名。点击当前直播间的小时榜排名，还可查看整个抖音直播小时榜的排名情况，如图9-22所示。

许多抖音用户都会选择观看排名相对靠前的直播，因此，小时榜排名靠前的直播通常可以获得更多抖音用户的关注。而随着抖音用户关注量的提高，直播卖货能力也会提高。

那么，如何提升直播的排名呢？一种比较有效的方法就是与他人进行PK。在抖音用户，特别是忠实的抖音用户看来，PK获胜就是一种实力的象征，既然支持主播，就要让主播PK获胜。所以，PK往往能够让主播快速获得大量音浪。

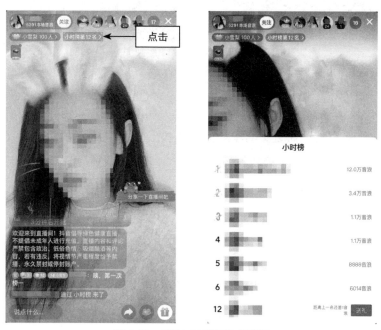

图9-22 查看小时榜排名情况

图 9-23 为部分直播的 PK 画面，从中可以看出，短短几分钟这两个主播便获得了几百甚至上千音浪。

图 9-23　抖音直播 PK 画面

当然，主播也要注意使用 PK 的次数，因为随着 PK 次数的增加，抖音用户刷礼物的热情也将减退。毕竟礼物都是要用钱买的，只有很少一部分人愿意持续给你刷礼物。而且一直 PK 也会让抖音用户觉得你的目的性太强，甚至会让一些抖音用户对你心生反感。

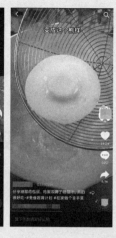

/第/10/章/

线上线下变现，可以双管齐下

📢 学前提示

大多数短视频运营者运营抖音、快手号，就是希望通过短视频平台带货卖货变现。那么，有没有什么实用的变现技巧呢？

这一章，笔者重点为大家介绍 6 条可以实现年赚百万的短视频变现思路。

✂️ 要点展示

- 通过销售变现，用买卖赚收益
- 通过流量变现，促使粉丝购买
- 通过产品变现，刺激用户的购买欲望
- 通过场景变现，实现多元带货
- 通过内容变现，找到容易变现的内容
- 通过实体变现，吸引用户进店

10.1 通过销售变现，用买卖赚收益

对于短视频运营者来说，最直接、有效的盈利方式当属销售商品或服务。借助抖音、快手等平台销售产品或服务，只要有销量，就有收入。具体来说，用产品或服务变现主要有 6 种形式，下面笔者将分别进行解读。

10.1.1 建立自营店铺，快速有效变现

快手和抖音最开始定位为方便用户分享美好生活的短视频平台，而随着商品分享、商品橱窗（快手小店）等功能的开通，快手和抖音开始成为带有电商属性的平台，并且其商业价值被外界看好。

对于拥有淘宝等平台店铺和开设了抖音小店（快手小店）的运营者来说，通过自营店铺直接卖货无疑是一种十分便利、有效的变现方式。运营者只需在商品橱窗中添加自营店铺中的商品，或者在短视频中分享商品链接，其他用户便可以点击链接购买商品，如图 10-1 所示。而商品销售出去之后，运营者便可以直接获得收益了。

图 10-1 销售商品以便变现

10.1.2　通过微信卖货，转化流量变现

通过微信卖货和直接借助短视频平台卖货，虽然载体不同，但有一个共同点，那就是要有可以销售的产品，最好是有自己的代表性产品。而微商卖货的重要一步就在于将短视频用户引导至微信。

将短视频用户引导至微信之后，便可以通过将微店产品链接分享至朋友圈等形式，对产品进行宣传，如图10-2所示。只要用户点击链接购买商品，微商便可以直接赚取收益了。

图10-2　微信朋友圈宣传产品

10.1.3　出版图书作品，通过版权变现

这里所说的图书出版，主要是指短视频运营者在某一领域或行业经过一段时间的经营，拥有了一定的影响力或者一定的经验之后，将自己的经验进行总结，然后写书出版，以此获得收益的盈利模式。

短视频原创作者采用出版图书这种方式盈利，只要其本身有基础和实力，收益还是很可观的。例如，抖音号"手机摄影构图大全"的运营者便是采取这种方式盈利的。该运营者通过抖音短视频、微信公众号、今日头条等平台，积

累了 30 多万粉丝，成功打造了一个 IP。图 10-3 为"手机摄影构图大全"的抖音个人主页。

图 10-3   "手机摄影构图大全"抖音号主页

因为多年从事摄影工作，"手机摄影构图大全"的运营者结合个人实践与经验，编写了一本手机摄影方面的图书，如图 10-4 所示。

该书出版之后短短几天，单单通过"手机摄影构图大全"这个抖音号售出的数量便达到了几百册，由此不难看出其受欢迎程度。而这本书之所以如此受欢迎，除了内容对读者有吸引力，也与"手机摄影构图大全"这个 IP 密不可分，部分抖音用户就是冲着"手机摄影构图大全"这个 IP 来买书的。

图 10-4   "手机摄影构图大全"运营者编写的摄影书

另外，当你的图书作品火爆后，还可以通过售卖版权来变现。小说之类的图书版权可以用来拍电影、电视剧或者网络剧等，收入相当可观。当然，这种方式可能比较适合那些成熟的短视频创作团队，只要他们的作品拥有较大的影响力，便可通过版权售卖变现。

10.1.4　赚取平台佣金，通过销售变现

抖音短视频平台的有些电商收入之所以能快速提高，其中一个很重要的原因就是随着精选联盟的推出，电商即便没有自己的店铺，也能通过帮他人卖货赚取佣金。也就是说，只要该电商的抖音账号开通了商品橱窗和商品分享功能，便可以通过导购获得收益。

当然，在添加商品时，抖音电商运营者可以事先查看每单获得的收益。以男装类商品为例，抖音电商运营者可以直接搜索男装，查看相关产品每单可获得的收益。如果想提高每单可获得的收益，还可以点击"佣金率"按钮，让商品按照获取佣金的比率进行排列，如图 10-5 所示。

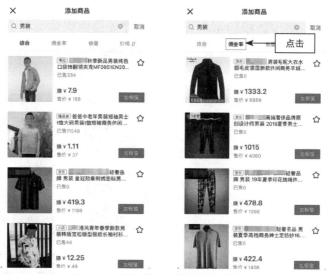

图 10-5　添加商品时查看每单的收益

商品添加完成之后，如果用户通过点击商品橱窗中的商品或短视频中的商品链接购买商品，那么运营者可获得一定的收益。运营者可以在"商品橱窗"界面点击"佣金收入"按钮，进入"佣金收入"界面查看获取的佣金，如图 10-6 所示。

图 10-6　查看佣金收入

10.1.5　售卖网络课程，知识付费变现

部分自媒体和培训机构可能无法为消费者提供实体类商品，对于他们来说，是不是短视频平台的主要价值就是积累粉丝，进行自我宣传的一个渠道呢？

很显然，短视频平台的价值远不止于此，只要自媒体和培训机构拥有足够的干货内容，同样能够通过短视频平台获取收益。比如，他们可以在短视频平台开设课程招收学员，借助课程费用赚取收益。

图 10-7 为"剪映视频教程"抖音账号的商品橱窗界面，我们可以看到该账号列出了大量课程，抖音用户只需点击进入，便可以购买对应的课程。这便是通过售卖课程的方式来实现变现。

图 10-7　"剪映视频教程"抖音账号的商品橱窗界面

10.1.6 提供优质服务，解决客户痛点

这里的服务，指的是对方通过购买你的服务来解决他的问题。如果你的短视频账号主要做营销推广，那么你可以推出提供营销推广的服务，给客户提供一套品牌畅销方案；如果你的账号提供穿搭类服务，就可以推出穿搭个性方案，帮助客户变得更美。

图 10-8 所示为某抖音号的相关界面，我们可以看到该抖音号就是通过提供课程和为相关教材提供服务的方式实现变现的。

图 10-8 通过提供服务实现变现

10.1.7 出售自己的账号，获取转让费用

所谓转让费，即一个线上商铺的经营者或一个线下商铺的经营者，向下一个经营者转让经营权时所获得的费用。

同样，账号转让也是需要接收者向转让者支付一定费用的，因此账号转让成为获利变现的方式之一。

对快手和抖音等平台而言，由于账号更多的是基于优质内容发展起来的，因此，账号转让获利归为原创内容变现的方式。

如今，互联网上关于账号转让的信息非常多。有意向的账号接收者一定要慎重对待这些信息，不能轻信，且一定要到正规的网站上进行操作，否则很容易受骗上当。

在此，笔者以鱼爪新媒为例介绍账号转让的有关知识。在该平台上，可以转让的账号有很多种，如头条号、微信公众号、微博号、快手号等，且在不同的模块下，还提供了转让的价钱参考，如图 10-9 所示。

图 10-9　鱼爪新媒账号转让页面

如果运营者想出售自己的抖音账号，只需点击"抖音号交易"界面的"我要出售"按钮，便可进入如图 10-10 所示的界面，❶填写相关信息，❷点击"确认发布"按钮，即可发布账号转让信息。转让信息发布之后，只要售出，运营者便可以完成账号转让变现。

图 10-10　"我要出售"界面

当然，在采用这种变现方式之前，电商运营者一定要考虑清楚，因为账号转让相当于将账号直接卖掉，一旦交易达成，电商运营者将失去该账号的所有权。如果电商运营者不是专门做账号转让的，或不是急切需要变现的，笔者不建议采用这种变现方式。

10.2 通过流量变现，促使粉丝购买

主流短视频平台是流量巨大的平台，而对于短视频运营者来说，将吸引过来的流量进行变现，不失为一种不错的生财之道。

流量变现的关键在于吸引用户观看你的短视频，然后通过短视频内容引导用户消费。一般来说，流量变现主要有 4 种方式，这一节笔者将分别进行解读。

10.2.1　代言品牌广告，获取巨额收入

当短视频运营者的抖音号积累了大量粉丝，账号成了一个知名度比较高的 IP 之后，可能会被邀请做广告代言。此时，短视频运营者便可以用赚取广告费的方式进行 IP 变现。

抖音平台上通过广告代言变现的 IP 还是比较多的，其共同特点就是粉丝数量多、知名度高。图 10-11 所示为某艺人的抖音个人主页，我们可以看到其粉丝量高达 1900 多万。

图 10-11　某艺人的抖音个人主页

正是因为有如此多的粉丝，这位艺人成功接到了许多广告代言，其中不乏一些知名品牌的代言，如图 10-12 所示。广告代言多，又有不少是知名品牌，这位艺人的广告代言收入也就可想而知了。

图 10-12　某艺人代言的广告

10.2.2　实现IP增值，向娱乐圈发展

一个兼具颜值和动人歌喉的主播，在抖音上发布了大量歌唱类短视频。后来她成了拥有超过 3000 万粉丝的大 IP。图 10-13 所示为她的抖音个人主页。

图 10-13　某主播的抖音个人主页

正是因为在抖音平台上拥有巨大流量，这位主播不仅被许多音乐人看中，推出了众多为其量身定制的单曲，更被许多综艺节目邀请。图 10-14 所示为她参加湖南卫视《嗨唱转起来》的现场图。

图 10-14　该主播参加《嗨唱转起来》的现场图

短视频运营者要把个人 IP 做成品牌，当粉丝达到一定数量后可以向娱乐圈发展，如拍电影、拍电视剧、上综艺节目以及当歌手等，实现 IP 的增值，从而更好地变现。如今，抖音平台上就有很多"网红"进入娱乐圈发展，包括上面提到的艺人和主播。图 10-15 所示为某"网红"参演网剧《我在未来等你》的海报。

图 10-15　网剧《我在未来等你》的海报

10.2.3　明确流量渠道，实现自身变现

如果短视频运营者想获取更多的流量，但又囿于每个渠道受欢迎的内容类型不同，那么要先明确从哪些平台导入流量，再根据平台的调性，生产对应的短视频内容。

比如，同样的内容，今日头条的用户可能更喜欢看图文形式的，而西瓜视频的用户更喜欢看视频形式的。那你就可以根据平台用户的喜好，分别打造图文形式或视频形式的内容，并将打造后的内容发布到对应的平台上。

10.2.4　设置粉丝路径，引流其他平台

要想实现引流变现，必须设置便捷的粉丝路径，让用户进入你的流量池。就像把大河里的鱼引导到你的池塘里一样，你必须要将引导路线理清，让"鱼儿"能够直接从"大河"里游进你的流量池。

比如，可以在抖音主页留下需要引流的平台账号。要把粉丝引导至微信，就留下微信号；要把粉丝引导至微博，就留下微博号。图 10-16 中的两个抖音号在这方面就做得很好。

图 10-16　根据平台设置粉丝路径

10.2.5　设置好引导点，实现卖货变现

怎样让抖音粉丝根据你设置的路径进入目标平台呢？其中一种有效的方法就是设置引导点，让抖音用户心甘情愿地成为你的流量池中的一员。当然，在设置引导点时也需要注意，引导点的吸引力对引流的效果往往起到了决定性的作用。抖音用户对你设置的引导点越感兴趣，就越容易被引入流量池。

比如，有的抖音企业号在主页设置优惠活动入口，就是将"优惠"作为引导点，吸引抖音粉丝进入相应平台，从而实现卖货变现。

10.3 通过产品变现，刺激用户购买欲望

产品带货变现和个人品牌有一些牵连，笔者接下来分享的案例，既属于产品带货变现，也属于个人品牌的打造。为什么这么说呢？我们来看一下案例。

刘大禹在 2018 年 11 月 12 日发布了第 1 条抖音视频，短短 13 天后，他的粉丝量就突破了 10 万。12 月 5 日，粉丝量突破 20 万；12 月 19 日，粉丝量突破 50 万；12 月 23 日，粉丝量突破 70 万。通过这些数据，我们可以看出他涨粉的速度越来越快。

刘大禹就是做个人品牌和产品带货的，我们来看一看他的成效。第 1 个月他让 2 万抖音粉丝加上了他的微信，并成功变现 150 多万元。最大的一单，卖出去 20 万件服装，这就是抖音卖货的强大之处。

他原本是在线下做服装批发的，在广州开了一个档口。之前他并没有接触过网络卖货，只是在档口等着顾客上门。他找到笔者，笔者帮他明确了目标用户，并开始挖掘用户的痛点。

比如，抖音用户不知道去哪里找物美价廉的服装货源，刘大禹便针对这一点，让抖音用户联系自己，然后去帮用户找货源，和老板沟通拿货。因为与他合作的抖音用户比较多，所以他能拿到的价格也更加便宜，抖音用户自然愿意成为他的粉丝，与他合作。

正是因为他能够针对目标用户，满足目标用户的需求，所以他能够实现粉丝量的快速增长，在产品变现的同时打造了个人品牌。那么，我们又该怎样刺激用户的购买欲望，实现产品变现呢？这一节，笔者将具体进行分析。

10.3.1 利用产品新颖玩法，吸引用户

如果你的产品有一些与众不同的新颖玩法，那么，很容易便能吸引到不

少用户。

比如，曾经火爆一时的答案茶，就是通过有趣的问答这种新颖的玩法，让许多抖音用户看完短视频后纷纷前往实体店一探究竟，如图 10-17 所示。

图 10-17　产品的新颖玩法

10.3.2　选准变现力强的品类，增加趣味内容

我们以抖音平台为例，看看哪些类型的产品适合在抖音卖货变现。

第 1 个是服装类。在抖音上卖服装很容易变现，只要服装在短视频中的上身效果好，价格又能让人接受，就比较容易卖出去。

第 2 个是景区、旅游类。有很多在抖音上火爆的景区，深受用户欢迎。因为景区本身就有一定的旅游资源，再加上风景可以直接在抖音上展现，所以短视频拍出来之后，很容易吸引大量用户前往打卡。

第 3 个是美食类。民以食为天。与吃相关的东西很容易引起人们的关注。而美食通常又具有色相好、口碑好等特点。所以，许多用户看到一些美食之后就垂涎欲滴，恨不得马上去尝尝味道。

第 4 个是知识付费类。这类产品本身具有一定的专业性，再加上部分抖音用户比较爱学习，所以知识付费类产品比较容易吸引精准用户。

以上 4 类产品在抖音中比较容易实现卖货变现，有时候你只要拍一下产品，就能把产品卖出去。但是，在产品变现过程中千万要记住，不要直接上来就说自己的这个产品多少钱，在哪里卖，这样很容易引起用户反感。你可以围绕产品做周边内容，刺激用户的购买欲望。不管做什么内容，都要增加一些有趣的点，因为用户在刷短视频的时候，一般都处于无聊状态。这个时候，如果你的短视频内容比较有趣，自然会受用户欢迎。

10.3.3　展现制作过程，推动产品销售

可以在短视频中展现产品的生产过程、制作过程、流通过程等。比如，用短视频展现你在店里是如何卖产品的。当然，在展现产品的过程中，你还需要证明产品的优势。

比如，卖编织产品的可以把手工编织的制作过程通过短视频展现出来，让用户明白你的编织产品是纯手工制作的，如图10-18所示。这样，用户看完短视频之后，自然就会更放心地购买你的编织产品了。

图10-18　展现产品的制作过程

许多人因为在网购时有过比较糟糕的体验，所以对电商销售产品的质量难免抱有怀疑的态度。而商家展现产品制作的过程，往往能很好地消除用户的怀疑，让用户能够放心地购买。

10.3.4　证明产品优势，吸引目标人群

什么叫证明产品的优势？怎么样去证明产品的优势呢？证明优势并不是你拍个短视频，自己说这个产品哪里好，而是让用户看完你的短视频之后，觉得你的产品确实好，值得购买。

比如，某些女装类抖音号让漂亮的小女生穿上店铺要出售的服装出镜直播，让用户看到穿上后的效果，如图 10-19 所示。这样，用户看到这些衣服穿上之后确实很好看，产品的优势自然就得到了证明。

图 10-19　证明产品的优势

10.4　通过场景变现，实现多元带货

如果场景不同，即便产品相同，用户的购买欲望也会有所不同。如何通过多元化的场景，更好地实现带货变现呢？笔者认为必须做好两点：一是通过场景表达主题，二是将产品作为道具融入场景。

10.4.1　通过短视频场景，表达自己的主题

你要表达的主题并不是你的产品，而是短视频内容的核心部分。就像在电影、电视剧里植入产品广告一样，电影和电视剧要表达的核心内容才是主题，即便是植入，也要尽可能地和主题有关联。

在制作抖音短视频时，需要先确定主题，然后再根据主题策划内容，并将产品融入短视频中。因此，通过场景表达的主题应该与你的产品具有一定的相关性，不然产品很难融入短视频中。

比如，你要表达的主题是舞蹈展示，那么你可以穿上店铺中销售的服装展示跳舞的场景；你要表达的主题是怎样做好一道美食，那么你可以将店铺中销售的食品当成烹饪的食材，用店铺中销售的厨具进行烹饪，展现烹饪的场景。图 10-20 所示就是通过烹饪场景的展示来表现糖醋荷包蛋制作这个主题的。

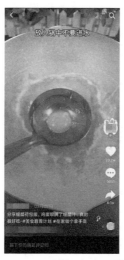

图 10-20　通过场景表达主题

10.4.2　将产品作为道具，融入场景之中

图 10-21 所示就是将 DIY 的小礼物作为道具融入各种场景中。因为小礼物本身就比较有特色，再加上短视频内容也比较有趣，所以很快就吸引了不少用户。

图 10-21　将产品作为道具融入场景

　　由此可见，短视频运营者将产品作为道具融入场景，可以更好地凸显产品的优势，激发用户的购买需求。这种方式能够在一定程度上弱化营销的痕迹，不会让用户生出反感情绪。

10.5 通过内容变现，找到容易变现的内容

　　什么样的内容容易变现？这一节，笔者要给大家推荐短视频平台最容易变现的内容，帮大家把产品卖到脱销。

10.5.1　推荐优质产品，抖音种草内容

　　这里重点要说的是抖音种草号。相信有不少玩抖音的朋友被种草号的内容所吸引，然后产生了消费需求。尤其是当很多人都在留言评论区说已下手的时候，用户一看也要不了多少钱，就情不自禁地跟着买了。

做这类短视频，你需要具备良好的选品眼光，也就是你要知道哪些产品消费者喜欢，并且人人都用得着、买得起。在做之前，你先要思考，你要做什么品类的产品。总的来说，你选的产品方向，一定是越垂直越好，这里推荐服装类、玩具类、生活类等。

做种草号，好的产品是根本。你拍的内容再好，选择的商品不符合用户需求，那么就算有再多人看也白搭。因为做种草号的目的就是吸引用户消费，否则就白费了时间和精力。

选择商品有7个原则，分别是新、奇、特、展、利、品、高。我们先说新、奇、特。这里的"新"指的是让用户有新鲜感，即商品是用户很少见到的；"奇"指的是商品有创意，让用户感到意外；"特"指的是商品很特别，完全颠覆了用户的固有认知。

大家有没有发现，短视频平台上卖的大部分爆款商品都符合"新""奇""特"原则。图10-22所示的短视频中展示的可爱手机壳，就是生活中比较少见的，让人感觉很有创意的产品。因此，许多用户在看到该短视频之后，马上就对这些可爱的手机壳动心了。

图10-22　展示可爱的手机壳

"展"指的是商品的使用场景容易通过短视频进行展示。这一点很重要，你在选择商品的时候，就要思考能不能把它的特点和优点展现出来，如果不能，就很难打动用户。

"利"指的是利润。做种草号一定会追求利润最大化，所以在选择商品的时候除了看这个商品的佣金，还要看它的往期销量。

另外在这里要跟大家说一下，抖音不适合卖高客单价的商品，只要入手价格超过 60 元，销售转化率就会特别低，也就是说买的人会特别少。因为只要价格一高，消费者就一定会去别的平台比价。如果他们真的有需要，也多是在外部其他平台成交，而不会选择在抖音里购买。

"品"指的是品质。这是一个好商品的及格线。你挑选的商品质量一定要过关，不能以次充好。大家在挑选商品的时候，一定要先看一下评价，如果评价比较差，即使佣金再高也不能卖，因为这关乎做人的原则，而且也直接影响用户的信任感。运营者不能消耗用户的信任，毕竟要做长久的生意。

"高"指的是高频刚需。为什么宝洁公司屹立一百多年不倒，成为全球最大的日常消费品公司？那是因为它旗下的众多产品对于用户来说都是高频刚需的商品，且往往售价低廉，有能戳中用户的点，所以用户很容易决定购买。

最后，跟大家说说笔者总结的两个选品技巧：一是选产品的时候一定要先参考同行数据，看它们此类产品销量如何，找出卖得好的原因，然后快速跟进，做出差异化内容。二是选择的产品一定要满足"新""奇""特"的要求。什么意思呢？就是你推荐的产品最好是市面上比较少见的，让人感觉非常特别的，如果是人人都能在街边买到的东西，那就不要推荐了。

10.5.2 测评相关产品，立马变现内容

这里指的是测评类账号，例如抖音头部账号"老爸评测"拥有千万粉丝，它就挑粉丝感兴趣的产品，测试它们的效果、成分、质量和性价比等，在测试的同时，为用户推荐安全、放心的产品，如图 10-23 所示。

当然，你不用像"老爸评测"那样做得那么专业，可以选择一些大号们还没有测评的领域。比如，你可以测评线上课，看课程的收获以及知识点丰不丰富等。这里要提醒一下，测评讲究的是保持中立的态度，你一定要客观表达使用产品后的真实感受，好就是好，不好就是不好。

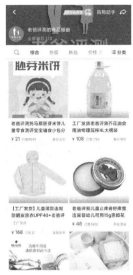

图10-23　"老爸评测"发布的短视频和相关商品详情

10.5.3　做好几个步骤，让产品卖到脱销

看到这节的标题，是不是很多朋友想想就有点激动？大家都知道抖音火了，它不仅留住了抖友们的时间，还有意无意成为带货小能手，打造了很多爆款。这波黑洞般的带货能力连卖家都猝不及防，没有一点点准备，产品莫名其妙就卖到脱销。

"抖音同款"4个字俨然已成为某宝上的大 IP，千奇百怪的同款搜索多到让你不敢相信。人家的产品之所以卖到脱销，最核心的秘诀就是我们常说的一个词："网红基因"。那究竟做好哪几步才能让你的产品跟抖音同款一样，成为爆款，卖到脱销呢？笔者认为主要有以下4步。

1. 打造专属场景互动

打造专属场景互动指的是在熟悉的场景，利用社交媒体进行互动。例如，在吃海底捞的时候，有网友自创"网红"吃法，比如自制调料、自制锅底、DIY 涮菜等。图10-24所示为"海底捞"话题的相关页面，从中可以看到其短视频的播放量达到了61亿，很多短视频轻易就拿下了上万个点赞。

在抖音的传播下，海底捞那段时间的营业额瞬间翻了好几番，很多人专程去海底捞让服务员点"网红"套餐。参考这一点，大家可以根据自己的产品，在粉丝熟悉的场景制作一些互动短视频，即使没有，也可以找一些合适的热点来蹭。

图 10-24   "海底捞"话题的相关页面

2. 产品要简单实用

抖音上有一款 10.9 元包邮的"网红"磁吸肥皂架，它能方便大家摆放肥皂。短视频中将肥皂架粘在墙壁上，再将磁吸片嵌入肥皂内，使用起来非常方便，如图 10-25 所示。

图 10-25   磁吸肥皂架产品展示的视频

有了这个肥皂架，用户再也不怕滑溜溜的肥皂放不回肥皂盒了。于是，很多对生活品质有要求的人看到这款产品后立即就下单了。如果你的产品像它一样符合简单实用的要求，也可以在短视频中展示使用过程，将这一点体现出来。

3. 制造传播的社交货币

这是什么意思呢？很多产品之所以爆火，并不是因为它的实用价值，而是因为它具备社交属性。例如，曾经在网上卖到断货的小猪佩奇手表，它的爆火是因为这款手表比其他手表质量更好、更好用吗？不是。是因为"小猪佩奇身上文，掌声送给社会人"这句话让它跟别的手表不一样，这款手表让人们有了身份认同感和更多的谈资。

所以，大家在传播自己产品的时候，一定要有意识地打造属于产品的社交属性，让你的产品能够给用户带来更多无形的东西，这样你的产品才能得到更多的传播和认同。

4. 产品的性价比要高

这一点比较好理解，你的产品除了质量过硬，价格还要亲民，要知道所有爆款产品的价格往往都不会太高。这主要是因为，东西再好，消费者也会货比三家。如果你卖的价格比较便宜，性价比高，消费者自然会选择你的产品。

图 10-26 所示为两家店铺的红心猕猴桃销售对比，从中可以看到，同样是 5 斤的重量，其中一家店铺的价格是 26.8 元，另一家店铺的价格却高达 63 元。面对如此大的价格差距，相信大部分消费者都会选择价格相对较低的一家店铺进行购买。而这两家店铺的红心猕猴桃销量也很好地说明了问题。

图 10-26 两家店铺的红心猕猴桃销售对比

以上 4 步就是让你的产品卖到脱销的核心秘诀，你记住了吗？如果你自己有产品，思考一下你的产品按以上 4 步该如何体现和打造。如果没有产品，你也不用担心，思考一下市面上还有哪些产品适合按笔者所说的这 4 步进行打造。

10.6 通过实体变现，吸引用户进店

部分电商运营者主要是在线下卖货变现。那么，实体店如何吸引线上用户进店消费，实现高效变现呢？这一节，笔者就给大家支 4 个招。

10.6.1 以店铺为场景，展示自己的特色

以店铺为场景，就是在店里组织各种有趣的玩法。比如，抖音上的"解忧坊"，就是通过在店铺中展示古色古香的场景来吸引用户到线下实体店打卡的，如图 10-27 所示。

图 10-27　以店铺为场景的"解忧坊"

当然，古风店铺有自身的特色，这是很多实体店没有办法模仿的。但是，

你也可以通过一些具有广泛适用性的活动来展示店铺场景。比如，可以在店铺门口开展跳远打折活动，为店铺"造势"。

大家都知道，实体店最重要的功能其实已不再是展示和销售产品了，因为短视频用户想买产品，可以直接选择网购。那么，实体店如何吸引线上用户进店消费呢？方法之一就是让用户对你的实体店铺有需求。

网购虽然方便，但是在许多人看来也是比较无聊的，因为它只是让人达到了购买产品的目的，却不能让人在购物的过程中获得新奇的体验。如果在你的实体店铺不仅能买到产品，还有一些让短视频用户感兴趣的活动，那么，短视频用户自然会更愿意去你的实体店铺打卡。

有的店铺会组织一些有特色的活动，比如，让顾客和老板或者店员猜拳、组织对唱或者跳舞等。你可以将特色活动拍成短视频上传至短视频平台，从而展现店铺场景。这些活动在部分短视频用户看来是比较有趣的，他们看到之后，就会对你的实体店铺产生兴趣，从而进店体验。

10.6.2　打造老板人设，吸引顾客注意

你的老板有没有什么特别的地方？他（她）能不能在短视频中出镜呢？抖音上打造老板人设的账号很多。比如，"南宁×××（蒙俊源）"就是一个店铺的老板，他的很多短视频都是通过老板与顾客相处，来打造一个淳朴、实在的老板人设，如图 10-28 所示。

图 10-28　打造老板人设的短视频

这些老板突然之间火了之后，就会为店里带来很多流量。有的人可能是真的想要买东西，更多的人可能只是想去看看这些老板在现实生活中到底是什么样的。

10.6.3　打造员工人设，展示店员才华

除了打造老板的人设，短视频中还可以打造员工的人设。你的店铺中有没有很有趣、很有特色的店员？能不能以店员的角度来看待店铺的经营情况，让短视频内容看起来更加真实？

比如，有个店铺就是通过员工搞怪来吸引顾客的。当顾客点了一瓶可乐时，服务员会用端红酒的方式递上一瓶可乐，用红酒杯盛可乐，甚至在倒完可乐后，也会用擦红酒瓶的白巾擦擦可乐瓶口，如图 10-29 所示。

图 10-29　打造员工人设的短视频

在许多短视频用户看来，这种服务很搞笑。因此，看到这个倒可乐的短

视频之后，很多用户都想去店铺亲身体验一下。这样一来，通过线上打造员工人设，商家增强了实体店铺对短视频用户的吸引力。

10.6.4　让顾客帮你宣传，产生众口皆碑效应

店铺中的人员比较有限，宣传效果也比较有限，而且短视频用户可能会觉得店铺的相关人员拍摄的短视频不是很客观。那么，能不能让进入店铺的顾客自己拍摄短视频，帮忙进行宣传呢？

图10-30所示就是"茶颜悦色""铁竹堂"借助"××吃货王"抖音号，让顾客帮忙宣传的一条短视频。

图10-30　让顾客帮忙宣传的短视频

让顾客帮忙宣传这种营销方式，无论是对顾客，还是对店铺都是有益处的。对于顾客来说，可以丰富他们自身拍摄的内容。如果短视频上了热门，顾客还可以获得一定的粉丝量。

而对于店铺来说，由于很多短视频用户都会参考顾客拍摄的短视频进行

购物，因此，对店铺评价高的顾客越多，店铺的生意就会越好，这和网购是一个道理。

其实，很多实体店铺能够成为网红店铺，都是因为顾客的宣传为店铺塑造了良好的口碑。如果每个进店的顾客都能拍一条短视频，那么，即便一条短视频只能带来 5 个顾客，实体店铺也能持续不断地获得客流。这样，你还用担心实体店铺做不起来吗？